2018 글샘 15집

풀물이 드는 오후

오감도

☪ 풀물이 드는 오후

초판 인쇄일 • 2018년 12월 27일

초판 발행일 • 2018년 12월 28일

지은이 • 글샘

펴낸이 • 강옥현

주　간 • 양재일

디자인 • 김양길

펴낸곳 • 도서출판 오감도

서울시 중구 을지로3가 268 유일빌딩 604호

출판등록 1998년 10월 15일 제10-1651호

전화 010-3206-2591 031-773-2591 031-775-0161(팩스전용)

메일 2277yang@hanmail.net

ISBN 978-5698-364-6 03810

✎ 이 시집은 부천시 문화예술발전기금을 지원받아 제작되었습니다.

이 도서의 국립중앙도서관 출판예정도서목록(CIP)은 서지정보유통지원시스템 홈페이지(http://seoji.nl.go.kr)와 국가자료종합목록시스템(http://www.nl.go.kr/kolisnet)에서 이용하실 수 있습니다.
(CIP제어번호 : CIP2018041313)

詩

우남정

손 영

이동희

隨筆

김미화

김소영

우남정

우남정(본명 우옥자) : 충남 서천 출생

2007년 『다시올 문학』 신인상 수상

시집 『구겨진 것은 공간을 품는다』(발견),

제16회 김포문학상 수상

2018년 세계일보 신춘문예 시 부문 당선

매일신문 시니어문학상 수상

글샘 동인

wooropa@hanmail.net

사방무늬 패턴 (외 8편)

우 남 정

변기에 앉자 할 일이 없어진 내 눈 속으로 타일 벽이 쳐들어온다 사면을 가득 메운 우툴두툴한 돌기의 그러데이션, 금방이라도 튀어나올 듯 푸르스름한 회오리, 저 눈알 속에는 몸 둘 바를 모르던 기억이 있다 사방으로 정렬 하거나 서로 짝을 지어 사열하고 있던 기억들이 서로 등을 돌려 원이 되기도 하고, 이쪽과 저쪽이 멀뚱거리며 흩어진다 왕지네가 기어가듯 기일을 넘긴 이자넌출이 사방연속무늬로 번져간다 사람들이 사거리에서 빠르게 교차하고 있다 철조망이 되었다가 그물이 되었다가 어떤 패턴이 되었다가,

오늘은 마름모꼴에 갇혔다
착시를 일으키거나 사시가 되는 것을 각오해야 한다
눈을 부릅뜨고 힘껏 벽을 밀어내려는 순간
사방무늬 벨트가 움직인다
개미떼가 사방으로 줄지어 가다가
먹잇감을 찾은 듯 새까맣게 모여드는 곳

저기, 문 뒤쪽에
타일 조각 하나가 뒤집혀 있다
패턴이 튀어나간 서늘한 출구가 보인다

☆☆☆☆☆ 슬롯머신에서 우르르 코인이 쏟아질 것 같다

꽃의 순장

묵은 상자의 먼지를 털어내고, 꺼낸 시집을 펼친다

차마 너를 꺾어 품던 날
백팔 페이지 책갈피에 꽃무덤이 생겼다
한줌의 가을과 함께 나의 사랑도 잠들었다

삼킨 향기 목에 걸린 채
종이와 꽃이 서로 껴묻고 환생을 꿈꾸고 있는지
함축과 은유, 생략을 지나 낯설게
밤을 건너온 새벽이 번져있다

밀봉된 자신을 어찌 다스렸는가, 꽃이여
아득한 제 몸에 흐르던 실핏줄
시즙마저 향기로워, 다투어 활자들이 제 몸을 적셨을까

저 갈피에 잦아든 울음
色이 날아간 자리에 한마디 절명사를 남겨놓았나

적막 한 편을 낭송한다

문향聞香한 여백이 바스락거리는 기척
바싹 마른 날개
바람에 묻어온 햇살을 털고 있다

산부전나비 무늬에서 쑥부쟁이 향이 날아온다

풀물이 드는 오후

발동기가 괴성을 지르고 있다
공원 구석구석 풀숲을 헤집고 있는
노란 작업복 사내의 등에서 파란 점액질이 출렁거린다

이름을 물어보고 근황을 챙길 겨를도 없다
씨앗을 맺은 꽃대가 쓰러지고
넌출 밑동이 잘려나가고
풀 보라 비릿하게, 허공에 풀물이 든다

모자 깊이 눌러 쓰고 얼굴을 가린 채
종종 멈춰 서서 범벅이 된 풀 조각 털어내며
심호흡을 하고 있는 사내에게서 절삭유 냄새가 진동한다

풀 · 풀 · 풀 ·
뜨거운 단말마 속으로 기울어지는 해
죽음이 향긋하지 않느냐고

차라리 달짝지근하지 않느냐고
벌겋게 핏물 밴 서녘을 꿀꺽 삼킨다

초록은 잠시 눈을 떨군 채 발등을 바라본다

처서를 지나가는
질긴 그것들, 좀처럼 놓아주지 않는 풀 · 풀 · 풀

담배를 빼어 문 사내의 손끝이 떨리고 있다

phoenix 호스텔

몸은 아침인데, 밖은 한밤중이다
겨울 스카프 한 장 거적삼아 머리맡을 가린 채
12인실 어둠 속에 꼼짝없이 누워있다
위엔 불어를 쓰는 뚱뚱한 여자, 아래 아랍계 남자를
언뜻 보았을 뿐

어긋난 시차는 어디를 떠도는가
시베리아 횡단열차를 타고
툰드라 숲을 날아오르는 오로라를 찾아 떠났는가
유성이 쏟아지는 우주정거장에서 누구를 기다리는가
코 고는 소리조차 사랑하던 사람이 있었던가

파하… 막혔다 터지는 파열음, 집어 삼키는 낮은 신
음소리, 긁히듯 떨리는 창문, 커졌다 작아지는 간헐적
기침, 어둠을 쪼아대는 새 울음 스타카토, 그리고 점점
세게, 주술 같은 잠꼬대, 바람 가르는 날갯짓

다른 꿈이 내는 숨소리가 묘한 하모니를 이루는 밤

누가 삐걱거리며 사다리를 내려와 더듬더듬 문을 찾는지
배낭과 옷가지들의 그림자에서
불길이 솟구친다

낯선 동굴 피닉스 호스텔이여
겨드랑에서 들숨과 날숨이 새어나오는
불꽃처럼 파닥거리는 이 몸은 또 다른 나의 아침이다

콘센트에 매달린 붉은 플래시가 번쩍 나를 바라보는

몽유夢遊

창가에 머리를 두고 잠든다 머리카락이 홍건히 엎질러진다 아이비의 넝쿨이 길이를 못 이겨 구부렁구부렁 흘러나오고, 눅눅한 바람이 창가로 뻗은 손을 만지작거리고 있다 똑, 똑, 똑 물방울이 노크하는 소리 능소화 꽃가루에 눈 먼 허공이 13층을 내려간다

발등에 눈이 돋는다 무엇을 잃어버렸나 공원에는 아무도 없다 물가 버드나무 그네가 매듭을 풀려고 몸을 뒤틀고, 낭미초에 뛰어내릴 듯 시선이 휘어져있다 찢어지지 않으려고 울고 있는 거미줄 물안개가 사린 꼬리를 풀며, 천천히 유수지 갈대밭을 기어 나오고 있다

아프다…아프다 아니 아프고 싶은 아프지도 않는, 살아 욕스러운 몸뚱이가 번들거린다 감긴다… 저 차갑고 섬뜩한 것, 서서히 머리채를 잡아당기며 조여 온다

길에 몸을 비비며 질주하는 찻소리, 새 한 마리 푸드덕거린다

베갯잇에 떨어진 머리핀, 젖은 뺨에 패인 자국이 깊다

밀림의 시간

낯선 시선에 놀라 뭔가가 빠져나갔다

잠결에 물 한 컵을 마시려는데 뻘겋고 퍼런 짝눈이 노려보고 있지 않은가 벽에 일렁이는 나뭇잎, 천정의 감지기가 레이저를 쏘고 있다 희끗한 그림자가 허기진 숨을 크르릉 삼키고, 밥통이 잡아먹을 듯 식욕을 보온 중이라고 시뻘겋게 번쩍인다 어서 눌러! TV는 심장을 장전 중이다

낯익은 것이 돌연 섬뜩하다
온순하고 친절한 것들이 굶주린 맹수가 되는 밤
플러그가 발톱에 물린 시간을 사육하고 있다

차들이 길바닥에 박힌 야광의 꼬리를 따라 질주한다 급커브 길에 한 남자가 막대등을 흔들고 있다
아스팔트가 길고양이 머리통을 흐물흐물 먹어치운다 벽시계가 새벽 2시48분을 발광하고 있다

눈이 꺼져가고 있다
읽다 만 페이지가 해독되지 않는다
핸드폰의 벨소리가 흐릿하게, 거기… 누구 없나요
충전기의 뾰쪽한 끝이 내 안으로 쿡 쑤시고 들어온다

15mA의 전류가 경련을 일으킨다
감전된, 나의 풍경 나의 메시지 나의 사람들이
찌릿찌릿 돌아오고 있다

門. 2

#1004*9999#을 누르니 유리문이 미끄러지듯 열린다 버튼▲을 누르고 승강기가 다가오는 기척을 기다린다 도시가 어느 가지 끝으로 부상한다 문들이 늘어선 복도를 지난다 문에 세일 전단지가 붙어 있다 비밀이 낯익은 어둠 속으로 스며든다 분화 중인 작은 방이 열린다 아무도 만나지 않아 다행이다 문만 세일하고 온 듯한 하루, 문 닫는 데도 문이 필요하다

옷장 문을 열고 오늘을 걸어 놓는다 수도꼭지를 틀면 고여 있던 문이 주르륵 쏟아진다 문을 열고 생수 한 컵을 붓는다 문 속에 문이 있는 마트료시카, 뚜껑을 비틀거나 잡아당겨야 열리는 문 내 몸에는 문이 몇 개나 될까 나를 작동시키는 문을 바라본다 창문에 걸린 밤하늘 불빛들, 먼 동네가 점점이 가까워지고 있다

부팅을 위해 문을 두드린다 비밀을 간직한 창, 잊어버린 비밀을 간직한 비밀이 기억해 내는, 이쪽과 저쪽

의 경계가 잠깐 머뭇거린다 즐겨 쓰는 특수문자를 섞은 비밀, 해킹 당한 비밀, 우주인=dnwndls7@&#★=나, 비밀들은 모두 안녕할까 나의 고독은 어떤 비밀번호로 해제해야 속살을 보여줄까 이 문과 저 문을 여닫는 순례들

빈 방, 너의 얼굴이 창백하다 오늘의 얼굴이 너를 만진다 너의 표정은 문이 없구나 개찰구를 빠져나가는 발자국 소리, 바람소리 푸른 말 한 마리가 어둠 속으로 사라져 간다 뷰파이더가 뒤적이던 문을 삭제한다

門이 방보다 넓은 포식자의 입으로, 매일 나를 먹었다 토해낸다 우주선의 문이 닫히고 입력된 것처럼 나, 라는 문을 열고 잠이 기웃거린다 눈꺼풀을 내리고 나는 잠에게 안녕! 주문을 걸어본다

철기시대를 추억하다

우리 동네 선사박물관에는 철기시대 유물들이 살고 있다 그곳에 둥지를 튼 저 삽날이 그날의 노동을 기억한다

전광판에 숫자들이 무너지며 그래프가 출렁거렸다 빈농의 자식으로 화이트칼라가 된 아들이었다 퇴직금을 잃고 빚까지 얻어 홀랑 날린 그가 온종일 파놓은 구덩이에 자진해버린 날, 굴삭기 흙더미에 개미집이 파묻혔다

흙 한 줌 없는 콘크리트 도시였다
그의 오피스텔 신발장엔 낯선 삽 한 자루 서 있었다
김장독을 묻어달라던 아낙도 떠났다
물꼬를 틀 무논 한 마지기도 없다
그의 유품은 허공의 푸른 발과 울다 멈춘 핸드폰이었다

체험학습 온 아이들이 철기시대를 구경하고 있다 호미와 낫과 곡괭이 쇠스랑이 멍에와 함께 진열되어 있다 전시실 한쪽엔 낯선 근력의 사내가 풀무질을 하고 있다 싱싱한 노동요를 재현하고 있다 대장간 아궁이에 불꽃이 튀고, 망치질 하는 사내의 손이 허공을 찍고 있다 아이들이 우르르 지나간다

사내가 담금질하는, 오늘의 박물博物은 무엇일까

폐가의 처마 밑에 아버지의 녹슨 삽 한 자루 누워 있었다

러시안룰렛

누가 당겼는가, 길이 한번 들썩였다
튕겨 나간 오토바이 눈알이 저 혼자 껌벅이고 있다

이 고요한 청명이
그를 피하려다 급히 휘두른 햇살
사내는 아스팔트 위에 낭자하게 제 몸을 쏟았다
고민을 멈춘 눈동자가
교차로 저편을 응시하고 있다

십오 분 안에 도착해야 하는 철가방 속에
갓 구운 피자 한 판이
기다림을 아주 겨누고 있다

기도의 기척도 없이
구름 한 점이 내려다본다

어딘가에서 리볼버의 탄창이 돌아가고 있다

손 영

2013년 부천 신인상 수상

2014년 인천문화재단 문화예술지원금 수혜

동인시집 『꽃밥』 외 11 권,

글샘 동인, 내항문학회 회원

『시인정신』 등단

시집 『공손한 풀잎들』

032362@hanmail.net

빨간 우체통 (외 6편)

손 영

삼각지붕 빨간 우체통을 농장 입구에 세웠다

가끔 들여다보면 산 그림자와
군청이나 읍에서 보낸 고지서가 들어 있었다
습한 바람과 하늘 가득 찬 먹구름
금방이라도 장대비 쏟아질 것만 같은 날
우체통 안에
찢겨진 편지봉투와 마른 나뭇잎을 깔고 알을 품고 있는 어미딱새
눈이 마주쳤다
놀란 어미새의 불안한 눈동자
자꾸만 주변을 두리번거린다
콩닥거리던 어미 새가슴
잠깐 본 어미딱새가 잊혀지지 않는다

어릴 때 허름한 우리 집 문을 따고 도둑이 들었다
엄마는 끼고 있던 결혼반지를 내주고

나와 동생을 치마폭으로 감싼 채 오래도록 엎드려 있었다
쿵쾅쿵쾅 뛰던 그때 엄마의 심장소리

접근금지 ⦸
'곧 아기새가 태어납니다.'

우체통에 큼지막하게 메모 한 장 붙이고
우편물 담을 통 하나 멀찍하니 두었다

코

니네 아버지는 코가 잘 생겨 언젠가 큰일 할 거라고 할머니는 입버릇처럼 말하셨다 기어이 코 값을 할 거라는 그 강한 믿음에도 아버지는 끝내 접시물도 건너지 못했다 어릴 때 귀에 못이 박힌 말 때문인지 나는 거울을 보며 자꾸 코를 만지는 버릇이 생겼다

티비 속 아프리카 정글을 헤집고 다니며 밀렵꾼들이 코뿔소의 코를 자른다 코가 행운을 가져다주고 약이 된다는 믿음에 코뿔소는 집을 잃고 가족을 잃었다 코뿔소에게 가장 강력한 무기인 그 코가 화근이었다 덩치 큰 코끼리, 하마 떼를 만나면 코를 세우고 돌진했는데 이제 무엇으로 대적할까 광활한 풀밭에 사슴 떼가 한가로이 노니는 옆에 코를 잃고 쓰러진 코뿔소를 보니 틱 장애를 앓듯 나는 또 코를 만진다

서울 가면 눈 뜨고 있어도 멀쩡한 코 베어 간다는 이야기에 코 잃어버릴까 정신을 바짝 차렸다 악어, 하이

에나들이 우글거리는 낯선 곳에서 정신 잃지 않으려 콧대를 꼿꼿이 세우고 목에 힘을 주었다 사나운 사자와 교활한 이리들이 곳곳에 숨어있는 빌딩 정글에서 밀렵꾼을 피해 다행히 내 코는 아직 무사하다

나이스 샷

그날 당신은 나를 멀리 떼어 낼 심산이었나봐요
다시는 만나지 않겠다는 듯
먼 곳으로, 더 먼 곳으로 보내고 싶어했지요
나는 허공을 찢으며 한없이 나아갔어요
굿 샷 굿 샷

우리 만나는 동안
당신이 주문한 멀지도 가깝지도 않은 딱 그만큼의 거리
안착점이 어딘지 나는 도저히 가늠할 수 없어요

호흡도 멈춰가며 당신이 그토록 집중했던 시간도
비껴가거나 넘치거나 흘러가버렸어요
그렇게 듣고 싶어 했던 때그락, 소리를 지나치며
만남 내내 원하던 거리 밖에서 게임은 그렇게 끝나버렸어요
나의 연속적 실수에 허탈해진 당신
말없이 초록에만 시선을 두고 있네요

늘 두드려 맞으면서도 당신 곁에 있어야하는
우린 도저히 어울리지 않는 천생연분

큰 키에 쇠막대같이 무뚝뚝한 당신
작고 동그란 얼굴에 톡톡 튀고 싶은 나

꽃이 피지 않는 식탁

식탁에 마주 앉아 늦은 아침을 먹는 그녀와 그

식사 내내 말 한마디 없다 몇 년 전까지만 해도 꽃이 활짝 피던 식탁에 이제 더는 꽃이 피지 않는다 먼저 수저를 놓은 남자가 거실 소파로 간다 어깨를 짓누르던 침묵이 따라간다

남자는 습관처럼 소파에서 리모컨을 집어들고 채널을 누른다 서바이벌 게임을 하던 출연자가 넘어지자 깔깔대는 웃음소리가 화면에서 쏟아진다 주머니에서 담배와 라이터를 꺼내어 베란다로 나간다

깨작이며 밥알을 세던 여자가 반쯤 남은 밥그릇과 식탁을 치우고 안방으로 들어간다 문이 열릴 때마다 장식장 위의 먼지가 문갑 아래로 가라앉는다 안방 티비 드라마를 틀어놓고 한나절이 넘도록 문이 닫힌 그녀의 고치 같은 방

여전히 티비는 웅얼거리고 남자는 소파에서 낮잠을 잔다 슬리퍼 소리와 식탁의자 끄는 소리가 사라진 거

실에는 베란다 창을 넘어 온 오후 햇살, 그 한 줄기 햇빛에 뿌연 먼지만 반짝인다

마음의 벽에 익숙해져 간다
서로에게 길들여져 멀어져 간다

거울의 입을 덮다

한 번도 너의 시선에서 벗어난 적 없었어
일어나 부스스하게 네 앞으로 갔어
밤새 얼굴이 부었군 눈곱도 좀 떼내고
핀잔이 먼저였어
운동 가려다 네 앞에 서니
티셔츠에 얼룩이 있다며 또 호통이군
잽싸게 방으로 들어가 셔츠를 바꿔 입었어

한번쯤 생각해 보고 말해도 좋을 텐데
그대로 내뱉는 너의 말에 상처받고
오래도록 네가 시키는 대로 꼭두각시로 살았어
옷장, 신발장, 화장대, 장식장에 쌓여 있는
출처도 모르는 많은 것들로 너의 관심을 끌며
평생 너의 말을 따랐어
그런데도 여전히 계속되는 지적
햇살에 까맣게 탄 목덜미
희끗거리는 머리카락을 감추라며 안달이야

사방에서 나를 지켜보고는
가는 곳마다 따라다니며 잔소리 멈추지 않아
거실에서 안방으로 가면 화장대가 잡고
잊고 나가려 하면 현관문에서 또 나를 붙들었어

나는 이제 너를 알아버렸어
나는 네가 아닌데
여전히 나를 지우고 싶어 하는 너의 입
이제부턴 못 들은 척
너의 그 잔소리 무시할 거야

참외 두 개

평생 농사일 하는 옆집 박씨 할머니에게 참외 종 한 포기를 얻었다

잘 키울 마음에 비닐하우스에다 심어 놓고는 깜빡 잊고 오래도록 돌보지 않아 하우스는 무성한 풀밭이 되어 있었다 잡초를 들추니 누렇게 뜬 이파리 아래 홀쭉하고 까만 어머니의 유두를 닮은 아기 주먹만한 참외 두 개

지긋지긋한 농사일에서 벗어나라고 외할머니는 딸을 대처로 시집보냈다 뚜렷한 직업이 없던 아버지, 결혼 초 엄마는 임신 중에도 끼니를 걸렀고 무녀리로 태어난 나는 유난히 키가 작고 여릿했다 엄마는 젖배를 곯아서 약하다며 눈감을 때까지 당신을 탓하며 사셨다

평생 자식 걱정으로 속 끓이며 살았던 어머니

바싹 마른 참외 줄기는 툭툭 불거져 나온 두 다리의 핏줄 같았다 말라 비틀어져 앙상해진 젖가슴, 곧 떨어

질 것만 같은 유두를 가만 쓰다듬어 보았다 밭 가장자리에 구덩이를 파고 진액까지 짜내 키웠을 두 개의 열매를 묻어주었다

단체기합

자전거 사고로 한쪽 다리가 부러졌다
철심 박은 다리의 무게가 얼마나 무거운지 발가락 하나 움직여지지 않았다
뼛속의 통증이 조금 잦아드니 손목, 팔, 허리 온 관절이 쑤셔댔다
돌아누우려 해도 자세를 바꾸려 해도 온 몸이 끙 신음소리를 냈다

뜀박질에도 높은 산을 올라도 묵묵히 버티던 다리
쓸고 닦고 무거운 짐을 들어도 잠잠하던 두 팔
그동안 함부로 부려먹어도 불평 한번 없던 뼈마디가
가만히 누워 있는데도 자꾸 삐그덕거린다

중학교 때 한 아이 잘못에 우리는 단체벌을 받았었다
책상 위에 올라가 무릎 꿇었을 때 얼마 지나지 않아

다리와 허리와 어깨 목, 머리까지 차례차례 아파오기 시작했다

그때 우리는 서로서로 눈빛을 교환하며 고통을 견뎠다
우리는 단체니까
연실된 단체니까

다리가 부러진 후 온전한 나로 있을 때 몰랐던 내가 보였다
나를 지탱해주던 햇볕과 나를 일으켜 세운 바람과
나를 붙잡고 있던 아득한 이름들도 기억하게 하였다

침대에 누워 몸 여기저기 관절이 떠드는 소리에 귀 기울인다

오랜 시간 동안 모르고 지나쳤던 또 다른 내가 지르는 아우성
머리부터 발끝까지 하나로 연결된 몸

다리 하나 때문에 온몸이 단체기합을 받고 있다

송혜경

동인시집 『일요일 오후 세 시의 하울링』 외 4 권

평내중학교 근무

shk7976@naver.com

스윗 하트 (외 4편)

송 혜 경

일요일 오후 안방 침대에 누워
돌아가신 엄마의 유일한 물건을 올려다본다

육십 년대 처녀 시절
소담한 넝쿨장미들 사이로 행복한 미래를 꿈꾸며
보랏빛 색실로 수놓은 글자 스윗 하트

실을 동그랗게 몽글려 만든 암술
한 땀 한 땀 정교하게 소용돌이치는 꽃잎과
꽃을 둘러싸고 힘차게 뻗어나간 잎사귀들
한가운데 선명한 필기체로 핀 글자 스윗 하트

엄마 인생에는 없었을 달콤한 사랑
그 사랑을 믿었지만, 꿈꾸어 보지 못했다

밤낮으로 억척같이 농사짓고
겨울에는 부르튼 손발로 행상 다녀도
크림 한 통을 오 년 동안 쓰며 논밭 마련하던 엄마

위암에 걸려 내일을 알 수 없던 날
어린 저것들 두고 어떻게 눈 감겠소
새끼들이랑 같이 살고 싶어라우

희미했던 엄마 표정이 떠오른다
소화가 안 돼 창백한 얼굴
숨이 차 늘 반쯤 벌어진 입술
혼자 저물어가는 외길에서 뒤돌아보는 그 쓸쓸한 눈빛

액자에 비친 지금 내 표정이
그때 엄마의 얼굴이었다

액자 속에서 태어난 스윗 하트
꽃봉오리와 함께 피어나
꽃잎보다 먼저 떨어지는 스윗 하트
우리를 울리고 웃고 있는

그럼에도 딸에게 유품으로 물려줄 수밖에 없는

회색 도시

오늘도 잿빛 아침이 사산되었다
회색 먼지에 뒤덮인 악몽 같은 세상

더럽고 뿌연 양수를 튀기며 질주하는 차들
죽은 가로수를 위한 진혼곡을 울리고
사라진 지형을 찾아 헤매던 새들이
아파트 창에 머리를 부딪치며 떨어지는 아침

사방에서 숨넘어가는 잡음이 지직거린다
백내장을 앓는 산의 눈빛에서
흐르지 못하고 먼지에 잠겨버린 강의 몸부림에서

자연도 사람도 표정이 선명했던 시절
안타깝게 노인들은 사라져가는 추억을 더듬는다
꽃들은 간신히 먼지 사이로 봉오리를 피우고
마스크 쓴 아이들은 눈으로 재잘거리며 학교에 간다

어릴 적 언덕을 뒤덮은 하얀 안개를
헤치며 나아가는 것은 신비로운 일이었는데
강을 건너 산을 넘어도
온종일 기다려도 사라지지 않는 회색 안개
그 뒤에서 나를 기다리는 것은 무엇일까

악수

곁을 준 낙동강 따라 굽이굽이
옛사람들이 자신을 찾아 걷던 예던길*

발소리를 받아 안는 푹신한 솔잎 위를 걸으며
땅의 귓가를 두드린다
봄을 기다리며 누운 도토리 위를
샛노란 나비 팔랑거리며 지나치고
막힌 숨골이 뚫리는 듯 소슬한 솔바람
유장하게 풀리는 강물의 머릿결 찰랑찰랑 빗겨준다

각자의 파동으로 무심히 어우러지는 길 위에서
나 혼자 스며들지 못하고 유심有心하구나

나는 화사한 표정의 인형
진한 화장에 덮여 심장까지 표백된 도시인
이 호젓한 길 앞에서도 풀려나오지 못하고
태엽 감긴 오르골이 혼자 또아리를 틀고 있다

봉오리처럼 입술을 다물고
먼 길 향하는 눈동자로 들여다볼수록
살며 굳어진 얼굴 근육 결마다
오히려 진실한 가면이었으므로 더욱 떨어지지 않는다

안온하고도 단단한 껍데기에 갇힌 나여
도토리 같은 연기를 잘 해낼 수 있을까
껍데기 벗어나려 몸부림치다
결국 제 그림자에 뿌리내리도록

가만히 손을 내밀어본다
최후의 관객, 길에게

* 예던길 : 퇴계가 거닐던 낙동강과 청량산 주변의 산책길로, 퇴계는 이 길을 '그림 속으로 들어가는 길'이라고 극찬함.

이호테우등대*

구상나무로 만든 테우*가 뜨던 곳
탐라의 정수리에서 자리돔 잡던 이호테우해변
한라산 조랑말 두 마리도 내려와 불빛을 깜빡이며
아련히 바닷길을 밝히는 약속의 땅

물렀거라 손 내젓고 싶은 것들도 그 약속을 믿었을까
휴가철 조랑말의 서식지에 쓰레기가 돌아오기 시작한다
플라스틱통과 빨대들이 바닷바람에 나뒹굴고
버려진 치킨에서 바글거리는 수많은 구더기들
부르르 고개 저으며 성난 초식동물들은
백록담에 앉은 선문대할망의 단벌 치마폭에 얼굴 부비지만

탐라 바다로 힘찬 오줌 줄기를 내뻗어
온갖 바다풀과 문어, 전복을 키워낸 할망의 너른 품까지

어느새 고약한 고름 냄새가 뻗어온다
일회용품을 싣고 뭍에서 떼 지어와
쓰레기를 가득 버리고 떠나는 눈먼 지구여행자들
등대에 보내는 바다의 구조신호에 눈감은 사람들의
뒤에서 말들은 구더기들로 몸부림친다

쓰레기들의 그물에 걸려 허우적거리는 테우의 포효
할망은 말없이 사려니 숲 속 깊숙이 사라졌다
빨대들의 무덤이 되어가는 해변에는 귀곡성이 춤을
춘다

* 이호테우등대: 제주시에 있는 조랑말 모형의 두 개의 등대

* 테우: 여러 개의 통나무를 엮어서 만든 뗏목배

슬픔의 치어들

나는 순정한 슬픔을 기다리는 어부

삶이라는 바다에 그물을 던졌두었다가
저물녘 거두었더니
검푸른 슬픔이 펄떡거리며 몸부림친다
그 동안 잠행하던 비루함이
죽지 않고 살아나 슬픔의 입을 막았구나
비루함의 날카로운 지느러미는 그물을 찢어놓고
몸부림치다 핏물 범벅이 된다
한 가닥 한 가닥 겨우들 풀어내 바닥에 놓았더니
서로 네 탓이라고 흐느끼며 한참을 버둥거리다
마침내 고요해지는 하루

생계라는 가면 아래
눈 질끈 감고 교묘하게 웃던 순간부터
떳떳하지 못했고, 비굴했음을

저녁 노을 아래 절명해버린 저 슬픔이
오늘의 치부를 환히 밝힌다

그러나 아무것도 먹지 못할 어느 날
텅 빈 손의 막막한 그림자가 항상 드리워져
작은 슬픔으로 연명하며 나는 늘 배고파했다

살진 슬픔의 대어를 만나고 싶다
내일의 비겁함이 환멸을 부채질해
덜 여문 양식들을 무더기로 폐사시킬지라도

슬픔의 치어들, 그 여린 살점에 굵은 소금을 치고
깊은 숨으로 맑은 심연에 당도할
그 어느 날

신순자

동인시집 『불면하는 겨울』 외 13권

중원고등학교 근무

i-candoall@hanmail.net

성벽 위를 달리는 (외 6편)

신 순 자

고층건물 숲을 이룬
시안의 옛 이름 장안
단단하게 사각으로 구워
검게 쌓아올린 흙벽돌
12미터 공중에 오른 시안성
균일하게 잘 먹은 먹물 빛
천년 세월을 살아 그윽하다
그을음마저 말끔해진
사각으로 막은 속세
아무나 들이지 않던
지상에서 고르고 고른 세상

쉼 없는 자전거의 행렬
각진 13킬로미터 성곽을 돈다
땅보다 더 견고한 공중 길
검은 갈기 날리며 달리는 말발굽

천년의 시간이 허물어지고
다시 여물어가는 길

벽돌을 스치는 바람에 시차가 없다
둥글게 햇살에 반사되는 은빛 벤츠 엠블럼
먼 옛날 시간의 냄새가 난다

빗방울의 조건반사

비가 오면 안 보이던 게 보인다
맑은 날 햇살이 감추었던 습도
우산 속에 가려진 표정의 온기
그 압력에서만 살아나는 조건반사가 있다

웅덩이로 떨어진 빗방울은
잠시 공기를 품어 거품을 만든다
시효가 있는 짧은 공존
서로의 존재를 알기에 금세 놓아준다
나뭇잎을 적시고 기우는 빗물
우산으로 낙하하며 그날을 소환한다

대학 첫 축제에 부쩍 친해진 사람들
몇 년 치 친분이 한꺼번에 몰려와
흥건히들 어리둥절한 밤을 보냈다
경계 없는 의자에 엉덩이가 닿고
뿌연 연기를 마시던 반지하 닭곰탕집

뚝배기 오르는 김에 반쯤만 보이던 얼굴들
시간이 있냐는 미대 선배의 말에 고개가 끄덕여
신촌 사거리를 느리게 걸어 시내버스를 탔던 오월
가족은 늙은 아버지뿐이라는 말이 맴돌고
서울살이 채 몇 달도 안 되어
어딘 줄도 모르고 따라간 비탈길
털털거릴 때마다 살갗에 닿던 온기
무심하려 할수록 제김으로만 쏠리고
버스가 더 이상 못 오르고 고개 돌려 내린 곳
낮은 방문을 고개 숙여 들어가 올린 큰절
아무렇지도 않게 절을 받던 백발의 노인
아무것도 가리지 않고 내리던 비가
처마에서 선명하게 떨구어졌다

긴 가로수길 흙냄새가 오른다
처마에서 낙하한 빗물이 고이듯
공소시효 없이 머리를 맴돈다

종이달

달빛이 내려앉은 길
반달이어도 그 빛은 차 있다
한걸음씩 디딜 때마다
달빛 묻은 무거운 걸음
느림이 잡아당기는 발목에
도저히 달릴 수 없을 것 같다
낮에 눈부심을 참으며
너에게 쏘아 올려 본 그리움
이렇게 달빛으로 살아서 내리고
언제까지 그러고 있을 거냐는
물음에 오늘도 답하지 못했다
늦봄 제삿날이 되면
죽은 줄만 알았던 가지에서 봄이 살아나
그대가 왔다는 티를 내듯
느릅나무 새싹이 돋아난다
돌아서서 한동안을 살다가
짙은 녹음으로 슬픔 없는 시간이 가면

낙엽 되어 바스락거리며
하릴없이 또 울릴 것을 안다

가을 지나며

얼굴에 닿는 공기가
목을 스치는 순간을 알아챘다
며칠 전과는 확연히 달라진 바람의 밀도
바지자락이 짧아졌나
서늘한 구두 위를 내려다본다
적당하게 식어가는 계절

돌아가는 등 뒤로 남은 미소
사이좋게 가지런한 앞니처럼
가만히 있는 것만으로도 마음을 놓여준다
더 멀어지지 않을 안도감
더 가깝지 않아도 좋을 거리
여름날 햇빛 속에 여우비
아무런 설명 없이도 이해되듯
너를 향한 길은 늘 열려있다

빌딩 벽이 잠자리인 양
금빛으로 누운 석양

공원 연못의 수련에도 스며
뿌리째 묵묵히 실해가고 있다

아카시아 위로

눈치 없이 아무 때나 올라와
소음으로 가득한 뿌연 허공에
기어이 너의 형상을 만들어 놓는다

시선 돌릴 곳을 찾지 못해
눈동자는 동공에 머문다
몇 개의 물방울로 떠있는 너

마른 가지에 닿은 빛
그늘 없는 아카시아에 부서지고
여윈 물방울 몇 개 가지에 걸려있다

만남이 시작되며 엇갈린 길
혼자 검게 빛나던 아카시아 줄기
하얗게 떨어질 꽃잎을 예비하며
격자무늬 이어진 푸른 못자리판에
길게 한 가지를 뻗치고 있었다

폭신하게 뿌리내린 볍씨를 감추고
넓은 논으로 이사 갈 초록을 뽐내며
산뜻한 공산품의 매력을 발산하던
자연이 빚지 못할 규격의 아름다움

땅에서 피어난 듯 소복한 마른 꽃잎
등과 배가 닿을 공복의 속쓰림에도
이제 살겠구나 싶게 한 아기 시아 냄새
보조개 패이며 생을 떠받치는 웃음이 난다

나의 아저씨 *

내력과 외력의 싸움
인생에서 내력이 세면 버티는 거야
나와 바깥 세계 간의 싸움
아무리 외력이 강해도
내력이 세면 죽지 않고 사는 거야
구조안전기술사가 말하는 삶의 공법

진짜 그 사람을 알아버리면
무슨 짓을 해도 상관이 없다는 말
아무리 정당방위라지만
사람을 죽인 것을 알고도
나 같아도 그랬을 거라고 말해줄 수 있을까
사무실 떠들썩하게 날아드는 무당벌레 한 마리
차마 덥석 잡지 못하고 살려 보내려 한 아저씨

버티지 못할 외력에 살아남은
내력內力만으로 감당해온 사람

내력來歷을 있는 대로 알아주는 아저씨에게
나는 더 이상 무서운 사람이 아니다
자기 불쌍한 것 혼자만 아는 세상에서
'착하다'란 말로 견고한 설움을 토하게 한 아저씨

누가 욕하는 거 들으면 그 사람한테 전달하지 마. 모르는 척 해주는 게 의리고, 예의야. 괜히 말해주고 그러면 그 사람이 널 피해. 내가 상처받은 기 아는 사람. 불편해, 보기 싫어 *

하얀 이 몇 개 드러내고 입꼬리만 올라가는
한 세상 겁 없이 살게 해준 아저씨의 미소

* 나의 아저씨 : 2018년 tvn 방영 드라마

* 누가～싫어 : 드라마 속 아저씨의 대사

벚꽃인사

산벚나무 꽃잎
분홍으로 벌어진다
꽃잎 하나 얼굴에 날아들어
작은 그늘을 묻혀 놓자
보일 듯한 엷은 미소
잔잔히 출렁인다
엷은 너울로 번진다

오랜 시간
정으로 끓던 사랑
그래도 이왕이면
봄에 가면 좋겠지, 라는
가볍지 않은 말
꽃이 있으면 더 낫지, 라는 답
유언처럼 인사처럼 붙어서
벚나무껍질 숨구멍에도
반짝 윤기를 낸다

오늘은 꽃잎이 다칠까 새도 날아오지 않는다

양소연

『다시올문학』 신인상(시)

동인시집 『휘돌다 구부러진』 외 14권

문학동인 글샘 및 전망 동인

부천 내동중학교 근무

ysy19kr@hanmail.net

낙엽 (외 2편)

양 소 연

남이섬 가을 나들이 다녀왔더니
나 모르게 낙엽 하나
가방 틈새로 날아들었다

찢어지고 말라 버린
가을나무 낙엽 한 장

앙상한 핏줄이 들여다보이는
플라타너스 잎맥
찢긴 모양새하며
피가 도는 혈맥이며
생을 부지런히 살았거나
고달프게 살았거나

나는 누구 품으로 날아들었다가
이렇게 잊혀지고 구겨졌는가

누구 품으로 날아왔다가
이렇게 말라버렸는가

뒤늦게 꺼내보는 편지 한 장
뒷모습은 더 바래있다

휘돌다 구부러진

몸이 아파요
마음이 아프다고 소리를 지르는 거죠
몸이 구부러지는데 오랫동안 모른 척했어요
제 마음이 그렇게 힘들었나 봐요
혼자 서지 못하는 병이 깊었던 거죠
전 잘 서 있는 줄 알았어요
곳곳에 허수아비를 세워놓고는 아무렇지도 않은 척해 왔던 거죠
전 제가 큰 나무라도 되는 줄 알았어요
팽나무처럼 뿌리도 깊고 어깨도 단단한 줄 알았어요
이 어깨면 세 아이 가뿐이 업고 세상 탈 없이 건널 수 있을 거라 생각했어요
이제 그 팽나무 뿌리가 바위를 만났나 봐요
그래서 이렇게 발도 시리고 가슴도 아픈가 봐요
곳곳에 세워두었던 허수아비조차 눈발에 쓰러지고요
눈발 없이 따뜻하기만 했다면 괜찮았을까요
따뜻하기만 한 인생이 있기나 하겠어요

그럼 이 시린 발과 갈라진 가슴을 어쩔까요
허수아빌랑 치워버리고 추우면 춥다 하고 아프면 아프다 하면
견뎌낼 수 있을까요
그래요
세상은 춥고
발도 아직 시리지만
눈길 가는 나무 중에 구부러진 가지 없는 나무 어디 있던가요
한 번 휘돌다 구부러진 것뿐이에요

느림보동물*

어떻게 견딜 것인가
가지 많은 마음의 풍파를
어떻게 잠재울 것인가

0.5 밀리의 크기
영하 273° C
251° C의 끓는 온도에서도 살아남고
물 산소 없이 우주에서 번식한다는
타디그레이드처럼

두려움 잘라내고
슬픔의 폭 줄이고
기쁨의 폭 줄이니
측은지심만 남았다

물을 먹어도 안 먹어도
숨을 쉬어도 숨을 참아도

끝내 남는 지독한 줄기는
너와 나의 측은한 인연뿐

아프다 괴롭다
푸념도 접어 두고
고맙다 밉다
사치도 던져버리고
생존에 필요한 알맹이만 남거시

독한 벌레처럼
독한 가시처럼
이생에서 저생까지의 숨 막히는 공간
거뜬하게 견뎌보자

* 느림보동물(Tardigrade): 5억 3천만 년 전에 생긴 생물체로 극한의 생존 조건에서도 살아남는 생명력을 가졌음.

이동희

Pablo Neruda 기념문학상 신인상(현대시)

『서정문학』 신인상 (수필)

가톨릭문예 작품상(2012, 현대시)

동인시집 「물무늬 스타카토」 외

ss75400@naver.com

날마다 반란을 꿈꾼다 (외 6편)

이 동 희

어제의 시간 속으로 숨어든
영원히 지워버리고 싶은
흉터들이 보일 듯 말
기억의 구석에 슬픔으로 스민다

슬픔이
흑백사진처럼 빛바래가지만
이면에 대한 접을 수 없는
외사랑을
결코 놓아버릴 수 없다

누구의 눈길 받아본 적 없는
남루한 흔적들이 사어死語되어
헤매다 어둠 따라
돌아올 수 없는 발길을
내딛어야만 할 때
미완의 손을 달래며

다시 새 아침의 하얀 하늘을
기다린다

이면의 초라한 삶을
도배하듯 감추고 하루살이처럼
아슬아슬 시간의 징검다리를 건너는
서글픈 변검술사의 운명을
생각해본 직도, 원한 적도 없다

다만, 드러낼 수 없는 남루함
너머에 무한한 새 여백이
안겨주는 넉넉한 편안함을 그리며
거듭 노랑나비를 꿈꾼다

오늘도 나는
이면의 하늘에
선명한 점으로 날고 싶다

풍경화로 떠난 나

노란 은행잎이 떨어졌다

초겨울이 무표정하게
창가에 기웃거리고
인기척마저 떠난 골목길에
슬며시 내려앉은 한 줌 햇살
눈길 받지 못하는 길고양이가
멈춰버린 듯한 시간 속에
쓸쓸한 풍경화를 거든다

바람만 건너가는 길거리에서
떠나간 시간들을 수소문한다

앙상한 은행나무 가지 끝에
잠시 머문 내 눈동자는
아직 내려놓지 못한 꿈을 더듬으며

시간의 액자 속에 갇힌
나를 다시 불러본다

그리다 만 풍경화 속 시간,
숱한 불면의 물감을 풀어내
얻은 한 줌의 자유

또 하나의 문턱을 넘어
시린 가슴에 소리없이
자리한 여백에 다시 물감 풀어
잠시 정지한 시간의 궤도를 돌린다

감았던 눈을 다시 뜬다

체크무늬 손수건

소낙비 퍼붓던 날

체크무늬 손수건을 건네주고
미로 같은 골목길로 사라져간 너

갑작스런 빗줄기 사이로
익숙하지 않은 이별에 흔들리지만,
제 갈 길을 엮고 있는
둘인 듯 하나 되는 체크무늬
시선 놓아주지 않는다

매번 엇갈린 감정으로
다른 곳을 향해 스쳐 지나지만,
신神이 쳐놓은
거역할 수 없는 울타리 속에
하나로 촘촘하게 엮인
씨줄과 날줄의 운명

저녁노을이 아름다운 건
서로 다른 색들이 어우러져
하나 되는 고운 보색대비

지금 가는 길이
잠시 다를지 모르지만
길의 끝은
누구도 흉내 낼 수 없는
우리만의 고유한 문양

체크무늬 손수건을
온기 남아있는
가슴에 가져갔다

은행나무집 대문 앞

삼복더위에
흔한 부채도 없이
늙은 의자가 골목길을
바라보고 있다

대문 안 은행나무는
더위를 먹은 건지
맥을 못 추고
대문 밖
더부살이하는 우체통에
먼지만 수북하다

이따금
생기 잃은 골목길 깨우던
만물상 장수의 목소리와
땀방울 식혀주던 바람을

수소문해 보지만
부질없을 뿐,

주름살 가득한 의자엔
땡볕만 앉아 있다

시도 때도 없는
삐걱거림 속에
골목길 너머로
오지 않는
자식을 기다리는지,
추억을 더듬고 있는지,

누구도 눈길 주지 않는
미련한 외사랑에
길고양이의 하품만 머문다

땅거미 질 때

어스름이 내리는 저녁

남루한 하루를 뒤로 하고
골목길에 접어들면
풍경 속에 또 다른 풍경이
겹쳐진다

언젠가 만난 것 같은
낯설지 않은
어스름이 서성일 때
물끄러미 등 뒤에서
기억나지 않는
어젯밤의 꿈과
아득한 시간의 흔적들
생각과 망각의 경계에서
숨바꼭질하듯
그림자에 자취를 감춘다

잡힐 듯 잡히지 않는
만져지지 않는 것들이
불쑥 튀어나왔다가
골목길 속으로
사라지는 시간

환함과 어둠이
섞이는 삼투압이
마음의 뼈마디를
시리게 하는
땅거미 질 무렵

빗방울이 던지는 화두話頭

갑작스럽게
이마를 때리는 빗방울,
나를 가둔
문패 없는 세월의 문짝을
열어 제치는 죽비소리가 된다

시끌벅적한 소나기가
이젠 낯설기만 한
푸른 청춘의 밤을
두드리며 지나갈 때,
마구 들이킨 말의 빗물들을
토해내고 있다

찬란했지만
누렇게 빛바랜 생의 한때,
세월의 처마 밑으로 흘러내린다

허공을 뒤로하고
불현듯 사라지는
혼자만의 적막한 저녁

끝도 시작도 없이
싹을 틔우는 꿈의 빗줄기가
강 건너 미루나무를
타고 흘러내리는 사이,

기억의 저편에서
튀어나온 기억 하나,
롤러코스터 같았던 나날을
일으켜 세운다

허물 벗는 매미

날마다 허물 벗는 매미

한때 꿈꾸는 대로
세상을 바꿀 수 있다고 호언하던
예전의 내가 아니다

더 이상 너와 언쟁을 벌이며
물러서는 것을 용납하지 못하던
어제의 내가 아니다

이미 커버린 미루나무처럼
매순간 새로운 풍경을 그리는 내게
제 아무리 몰아치듯 추궁해도
더는 옛날의 나를 연출 않는다

내일을 노래한다 할지라도
그 유혹을 믿지 않고

이 순간 허물을 벗겨내며
스스로의 운명을 결정하기에도
벅차기만 한 매미,

내일을 향한 내 바람은
푸른 하늘에 나의 노래를
목청껏 수놓는 것이다

김미화

부천 옥길중학교 근무

글샘 동인

kimmh000@naver.com

나의 왼쪽 무릎 (외 2편)

김 미 화

그날 아침 나는 출근길에 편도 1차선을 달리고 있었다. 일찍 집을 나온 그날따라 안개가 낀 듯 기분이 명료하지 못했으나 매일 오가던 익숙한 길인지라 별 생각 없이 운전을 하고 있었다. 여름날에는 길가의 풀을 베는 인부들이 작업을 하고 있을 때 내가 아주 좋아하는 풀 향기를 맡을 수 있어 나의 오감이 호사를 누리는 행복했던 출퇴근길이기도 했다.

점점 학교가 가까워지고 있었다. 그 때였다.

갑자기 0.1초도 안 되는 한순간에 파란색 산덩어리 같은 것이 눈앞에 와 부딪치는 것을 직감했다. 악 소리 한 번 낼 틈도 없이 쾅하는 굉음과 함께 내가 매우 위험한 경우에 처했음을 본능적으로 느꼈다. 반대편 차선으로 언덕길을 내려오던 트럭이 중앙선을 넘어온 것이다. 운전사가 졸음운전으로 급커브 진 차선을 지키지 못하고 직선으로 중앙선을 넘어와 반대편 차선을 달리던 내 차를 받은 것이다. 시속 60Km로 달리고 있던 내 차는 그 충격으로 슬슬 뒤쪽으로 미끄러져 갔다. 충돌할 때 에어백이 터져 마치 안개가 낀 듯 희뿌연해진 차 안에서 나의 몸은 힘없이 가라앉았다.

나는 정신을 잃고 말았다.

119 구급대원의 도움으로 가까운 시흥 종합병원 응급실에 실려 간 한참 후 잠에서 깨듯이 정신이 들면서부터는 통증으로 인해 말할 수 없는 고통으로 온몸이 떨고 있었다.

출근하다가 사고 소식을 듣고 남편이 현장에 도착해서 보니 운전석 쪽 보닛이 알루미늄 호일처럼 구겨져 처참한 꼴이었다고 했다. 이를 보자마자 순식간에 목소리가 쉬어버릴 정도로 놀란 남편이 응급실로 달려왔다. 만약 에어백이 터지지 않고 안전벨트를 하고 있지 않았다면 목숨이 위태로웠을 것이라고들 했다.

나와 같은 길로 출퇴근을 하는 이웃 학교 선생님이 출

근하다가 길 가운데 삐뚜름하게 팽개쳐져 있는 내 차 번호를 보았다고 했다. 차가 너무 많이 망가진 걸 보고 깜짝 놀라 그냥 출근할 수가 없었다고 했다. 길 가에 차를 세우고 내가 근무하는 학교로 두 번이나 전화를 하고도 믿기지 않아서 우리 집으로 전화를 했다고 한다.

응급실에서 고통으로 신음하느라 아무 정신이 없었는데 나중에 들으니 혹시 골반뼈가 바스러진 게 아닌가 싶어 담당 의사가 몰핀성 진통제를 투여하고 검사를 진행했다고 한다. 그 자리에서 폐차를 결정할 정도로 큰 사고였지만 놀랍게도 검사 결과 나는 수술이 필요하다던가 하는 곳이 없었다. 참으로 다행스러운 일이었다. 그러나 충돌로 인한 충격으로 혀 가장자리는 온통 까만 먹빛으로 변해 있었고, 누울 수도 돌아누울 수도 몸을 어떻게도 가눌 수 없을 지경이 되어 나는 정말이지 그 자리에서 죽을 것만 같았다.

마약성 진통제 덕분에 극심한 고통을 좀 잊을 수 있어서 진통제를 처방해준 젊은 의사가 지금 생각해도 정말 고맙기만 하다.

며칠 후 앰뷸런스에 실려 부천 집 가까운 정형외과로 옮겨왔다.

오른쪽 무릎 위의 작은 상처 외에는 외상이 없었다. 그런데 오른쪽 무릎 아래 다리뼈에 금이 가서 깁스를 해야 한다는 진단이 내려졌다. 온몸의 통증이 극심해서인지 다리뼈가 그렇게 아픈 줄도 잘 몰랐는데 병원에서 해준 대로 오른쪽 다리에 깁스를 하고 4주를 지내야 한다고 했다. 난생 처음 휠체어를 탔다.

아픈 오른쪽 다리에 주의를 기울여 생활할 수밖에 없었다. 그러나 보니 나도 모르게 왼쪽 무릎에 힘을 주게 되는 것이었다. 그러다가 무리가 갔는지 일주일쯤 지나자 왼쪽 무릎이 더 많이 아파오기 시작했다. 무의식적으로 아픈 곳을 보호하려고, 아프지 않아 괜찮을 것 같았던 다른 다리를 무리하게 쓰게 되자 애초에 아팠던 다리보다 더 아프게 된 것이다. 얼마간의 시간이 지나면서부터 다리는 점점 회복되어 갔다.

나는 서른 살에 첫 아이를 낳았다.

그 아들을 생후 한 달여 만에 전주에 있는 친정에 맡기고 나와 남편은 부천에서 기거하며 직장에 다녔다. 그때는 토요일에도 출근하여 한 시까지 근무를 했었다. 아들에게 갈 때면, 자가용도 없던 시절이라 기차나

고속버스 같은 대중교통을 이용하여 전주를 오갔다. 산후 회복도 되지 않은 몸으로 토요일 근무가 끝나자마자 영등포나 서울역으로 가서 기차를 타야 했다. 전주역에서 내려 다시 버스를 타고 시댁에 들러 시부모님께 먼저 인사를 드린 후 밤이 되어서야 아들이 있는 친정집에 도착할 수 있었다.

아들을 보러 가는 날에는 기쁜 마음에 노래를 부르며 갔지만 다음날 부천으로 돌아올 때는 아들을 두고 돌아서는 쓰린 마음을 어쩔 수 없어 울기도 많이 울었다. 늘 아들이 보고 싶었다. 허공을 딛는 듯 허깨비 같은 마음으로 살았던 것 같다. 말을 배우게 된 어린 아들은 늘 대문을 바라보며 이렇게 말했다고 한다.

"할머니, 대문 열어 놔. 엄마 오게…"

만 오 년 만에 둘째 딸을 낳으면서, 아들을 집으로 데려와 함께 살기 시작했다. 한 가족이지만 제 집이 서먹했을 아들을 위해 살갑게 대해야 한다는 생각을 했고 둘째인 딸은 처음부터 부모와 함께 사니 그것만으로도 다행스럽다는 생각을 했다.

그런데, 생애 초기에 부모를 떠나 살았던 아들에 대한 미안함과 안쓰러움이 어린 딸에게는 차별대우로 느

껴졌던 것일까. 겨우 말을 배우기 시작한 딸이

"엄마는 오빠만 이뻐하고…"

라고 했을 때만 해도 나는 그 아픔을 알아차리지 못했다. 당연히 어린 딸 역시 너무나 예쁘고 대견하고 사랑스러웠기 때문이다. 나는 딸도 아들 못지않게 사랑했지만 딸은 엄마의 관심이 아들에게 먼저 가는 것을 본능적으로 느끼고 있었던 것이다.

영특한 딸이 무언가를 잘했을 때도 나는 아들이 가족 내에서 소외감을 느끼지 않게 해야 한다는 생각으로 아들을 먼저 챙기느라 애쓰며 말했다.

"우리 딸이 오빠를 닮아서 아주 잘 하는구나!"

이른바 양다리 걸치기를 수없이 해온 것이다.

어느 날 드디어 어린 딸이 내게 소리를 질렀다.

"엄마는 왜 내가 잘했을 때마다 오빠를 먼저 칭찬하는데?"

아이들이 자라 중, 고등학교를 다니게 되었을 때 나는 내 딸이 나의 왼쪽 무릎임을 알게 되었다.

아픈 오른쪽 무릎을 보호하기 위해 그 오른쪽 무릎 대신 힘겨움을 감당하고 있는 왼쪽 무릎의 아픔을 내가 몰랐던 것이다. 그런 나의 어리석음을 알아차렸을 때 아이들은 이미 어린 시절을 벗어나고 있었다. 이미 야속하게 흘러버린 그 세월을 돌이킬 수는 없었다.

나의 어머니는 삼남 이녀를 키우면서도 자녀들이 모두 어머니가 자기를 가장 많이 사랑하신다고 믿도록 키우셨다. 그런데 나는 겨우 두 아이를 키우면서도 두 아이 모두에게 상처를 주는 부족한 엄마였던 것이다. 나는 좋은 엄마가 되고 싶었고 아들딸에게 한결같이 믿음직스런 태산 같은 엄마가 되고 싶었었다. 남편에게 딸만 편애하지 말고 아들의 상처를 좀 보라고 성화를 댔던 나의 태도 때문에 남편은 딸을 더욱 편애할 수 밖에 없었을 것이다.

아들은 예전이나 지금이나 여동생에게 아빠처럼 살갑고 다정하게 대한다.

딸은 오빠를 아빠처럼 의지하고 어리광을 부리며 따른다. 가장 어리석었던 나는 지금도 왼쪽 무릎에게 미안한 마음을 어떻게 갚아야할지 고심하고 있는 중이다. 그러나 나는 왼쪽 무릎과 오른쪽 무릎을 똑같이 사랑했었고 지금도 똑같이 사랑하고 있다고 믿는다.

자식을 키울 때 '不仁' 하라는 공자의 가르침을 마음으로 알게 되었을 때 부모의 지나친 염려는 자식에 대한 배려가 아니라 우려가 된다는 것을 함께 깨닫게 되었다. 세상 모든 일이 그렇듯이 조화와 균형이 내 삶에도 꼭 필요한 덕목임을 뒤늦게 깨닫고 있는 중이다. 균형이 깨진 내 삶과 소중한 내 아이들을 천천히 안아주는 지혜가 내게 필요하다.

엄마의 빈 집

부모님은 시내에서 조금 떨어진 곳에 양지바른 터를 마련하고 집을 지으셨다. 우리 오남매를 모두 결혼시키고 난 후였다. 꽤 넓은 마당이 딸린 집이었다. 효심 깊은 둘째오빠가 본채 옆에 별채로 황토방을 지어드렸다. 엄마는 그 황토방에 장작불을 때고 거기서 주무시는 것을 즐기셨다. 아침에 일어나면 몸이 가뿐하다고 좋아하셨다.

두 분이 텃밭을 가꾸면서 평안한 노년을 보내시다가 아버지가 먼저 떠나신 지 십여 년이 지났다. 엄마가 그 집에 혼자 사시는 동안 우리 형제들은 엄마 집에 자주 갔다.

언젠가 작은 새언니가 이런 말을 한 적이 있다. 엄마는 자식들 중 누군가가 온다는 말을 들으면 그날부터 그 자식이 좋아하는 음식을 만들기 위해 몇 날 며칠 하나하나 정성들여 재료를 준비하고 다듬고 음식을 만드신다는 것이었다. 우리 형제들은 나름대로 엄마가 가장 사랑하는 사람은 자신이라고 생각하며 자라왔고 지금도 그렇게 믿고 있다.

그런데 사오 년 전부터 엄마가 입원과 퇴원을 거듭하시는 상황이 계속되었다. 그러다가 주 3일 투석을 하게 되면서부터 요양병원에서 지내시게 되었다. 어머니는 일생을 용감하게 두려움 없이 사셨다. 그런 어머니가 정신은 너무도 또렷한데, 노쇠로 인해 속절없이 무너지는 육체 앞에서, 결국 통곡까지 하시면서도 자신의 한계를 인정하시기까지는 시간이 많이 걸렸다.

엄마가 사시던 집을 떠나 요양병원에 가신 후로 나는 하룻밤도 편안하게 잠자리에 든 적이 없었다.

어느 날 출장을 다녀오면서 엄마에게 전화를 드렸다.

"엄마, 날씨가 정말 좋아. 봄꽃들이 다 피었어요."

엄마는 말씀하셨다.

"청도리 집에 목련꽃들이 다 피었겠다. 참 이쁜디……. 목련꽃이 다 피어서 '할매는 어디 가고 나를 봐주지도 않나' 그러겄다."

그날 저녁 내내 나는 슬펐다.

집에 가지 못하고 병원에 누워계시는 동안 그 기분 좋은, 넓은 마당의 공기를 얼마나 호흡하고 싶으셨을까. 자고 나면 가뿐해지는 그 따뜻한 황토방을 얼마나 그리워하셨을까?

주말마다 나는 요양병원에 계신 엄마를 찾아가 엄마 옆의 빈 침대에서 함께 자곤 했다. 밤새 고통으로 신음하시는 엄마와 함께 애간장이 녹는 듯 잠을 설친 날들이 얼마나 많았던가. 그러다가 엄마 기력이 조금 나아지게 되자 나는 엄마를 집에 모시고 가고 싶다는 간절한 마음을 갖게 되었다.

원장님과 간호사 선생님은 삼일씩이나 어떻게 병원 밖으로 나가느냐고 염려하셨다. 엄마의 집이 자동차로 이십 분 거리의 가까운 곳에 있으니 조금이라도 컨디션이 안 좋아지면 바로 모시고 오겠다고 사정했다. 그리하여 이박삼일의 외박 허가를 간신히 얻을 수 있었다.

엄마를 내 차에 모시고 가는 동안, 전에 알지 못했던 평안함과 자유로움이 느껴졌다. 익숙한 길을 따라 엄마의 집에 도착했다. 엄마의 손길이 닿지 않는 동안 마당에는 무성하게 잡초가 자라있었고 그것을 보는 순간 가슴이 먹먹해짐을 어찌할 수 없었다.

창호지 바른 문을 활짝 열어 놓고 따뜻한 황토방에 엄마와 누워 부슬비 내리는 마당을 바라볼 때, 그 순간만큼은 어떠한 세상 걱정도 없이 마음이 평안했다. 엄마가 아프셔서 병원에 계시다는 것도, 어쩌면 하루걸러 투석을 하시는 엄마의 남은 생이 많지 않을 수 있다는 생각도 하지 않았다.

집에 돌아오신 첫날에는 잘 걷지 못하시고 넘어지실 뻔 했던 엄마가 황토방에서 하룻밤 주무시고 난 이틀날에는 지팡이를 짚고 천천히 마당을 걸으실 수 있었다. 나는 엄마와 함께 걸을 수 있게 된 것이 얼마나 좋았는지 가슴 깊은 곳에서부터 기쁨이 피어올랐다. 이제는 지팡이에 의지하여 천천히 몇 걸음 걸으실 수 있는 것마저 우리에게 얼마 남지 않은 축복의 시간임을, 그리하여 기뻐하고 감사하고 즐겨야 하는 시간임을, 날이 갈수록 더욱 절절하게 느끼게 된 것이다.

툇마루에 앉아 살랑거리는 봄바람을 온몸으로 맞으며 엄마와 함께 말없이 봄나물을 다듬을 때도, 우리가 함께 살아있음이 너무도 고맙고 마음이 평안해져서 내내 행복했다. 뜰에 난 봄나물을 뜯고 다듬어 데치고 무쳐서 자식들 입에 들어가는 것을 보던 그 평범한 일상을 엄마가 얼마나 그리워하셨을까.

어버이날, 이비인후과에 어머니를 모시고 가서 보청기를 점검했다.

입원하시기 전에 산 보청기인데 편찮으셔서 사용하지 않는 동안에도 잘 보관되어서인지 외관이 멀쩡하고 성능이 좋았다. 나이 들수록 귀가 들리지 않으면 고립되고 외로워져서 치매도 오기 쉬우니 차라리 조금 불편하더라도 시끌벅적한 환경에서 생활하는 게 더 낫다는 것이 의사의 설명이었다. 워낙 차분하고 조용하신 성품의 어머니는 그동안 보청기를 잘 사용하지 않으셨는데, 이제 잘 들리니 좋다고 하셨다.

행복했던 이박삼일이 꿈같이 지나고 다시 병원으로 가기 위해 대문을 나설 때 엄마는 혼잣말처럼 조용히 말씀하셨다.

“이렇게 시원한 집을 놔두고…….”

어머니를 병원에 모시고 가 자리에 눕는 걸 도와드린 후 나는 발길을 돌려야 했다.

엄마의 빈 집이 아닌 일상의 내 집으로 돌아오기 위해 운전대를 잡고 고속도로에 들어섰다. 그 순간 나도 모르게 눈물이 흘러내렸다.

엄마에게 전화를 걸었다.

“엄마, 사랑해요.”

내가 할 수 있는 말은 그것뿐이었다. 다음 주말에 엄마 만나러 올 때까지, 진지 잘 드시고 매일 조금씩 걷고 잘 놀고 계셔야 한다고.

내가 더 이상 무슨 말을 할 수 있을까?

무슨 말을 해야 엄마의 가슴을 채우며 위로가 될 수 있을까…….

초임교사 시절

가을이 시작되었다.

따뜻한 차 한 잔을 마시며 이선희의 노래를 듣는다.

아름다운 선율은 삼십여 년 전의 초임 학교로 나를 이끈다.

양평에 있는 국수고등학교로 처음 발령받아 갔을 때 나는 스물다섯 살이었다. 남한강이 가깝고 국화 '국'에 빼어날 '수'인 국수리에 있는 학교였다. 황순원의 소설 '소나기'의 배경으로 알려진 서종과도 가까운 곳이다.

내 교직 생활의 첫사랑과 같았던 그 학교는 중 고등학교 병설이었으며, 내가 근무하게 된 고등학교는 한 학년에 두 학급으로 모두 여섯 학급의 작은 학교였다. 고등학교 1,2,3 학년에 걸쳐 국어, 고전문학, 작문, 문법, 화법, 독서, 한문까지 모두 일곱 과목을 가르쳐야 했다. 지금은 순회교사 제도가 있어서 한 교사가 그렇게 많은 과목을 가르치는 일이 없지만, 그 당시에는 작은 학교일수록 자신의 전공과는 무관한 상치과목을 담당하는 일도 꽤 있었다. 나는 그나마 전공과 관련된 교과를 맡게 되어 다행이라면 다행이었다. 게다가 하루 두 시간씩 보충수업도 실시하고 있어, 매일 한두 시간은 반드시 수업을 통해 학생들과 만나는 상황이었다.

고3이었던 임지은은 열아홉 살이었다. 지은이는 연로하신 부모님의 막내딸로 공부도 잘하고 착하고 예쁘고 글도 잘 썼다. 그러나 빈혈이 심하여 운동장에서 조회를 서는 날에는 입술과 얼굴빛이 백지장처럼 창백해지며 쓰러지는 일이 잦았다. 잠시 후에 입술에 핏기가 돌아오면 해맑은 얼굴을 되찾고 이마의 땀을 닦았었다.

나는 지은이가 부르는 노래를 듣는 것을 좋아했다. 지은이는 이선희의 노래를 내게 가르쳐주었다. 사실은 다른 선생님들이 퇴근하신 후 조용해진 교무실에서 지은이에게 내가 가르쳐달라고 졸랐었다. 지은이가 가르쳐 준 노래 중에는 이런 노래도 있다.

"사랑하고 있어요. 당신 눈물까지도……"

매일 교재연구를 하느라 밤 열두 시, 새벽 한 시까지 교무실에 남는 경우도 있었다. 열두 시가 넘으면 도서실에서 공부하던 학생들이 교무실로 내려와

"선생님, 이제 그만 가시죠."

하며 저희들이 보호자인 양 깜깜한 시골 논둑길을 걸어 집까지 바래다주었다. 어느 날 얼굴이 갸름한 유수용이 말했다.

"선생님, 이야기 하나 해드릴까요?"

"응"

"어떤 여자와 남자가 데이트를 했는데요. 둘이서 큰길을 걸어가는데 여자가 길 안쪽으로, 남자가 차 다니는 쪽으로 걸어갔거든요. 그런데 그 때 큰 트럭이 한 대 지나갔어요. 그런 후에 보니 남자의 팔 하나가 덜렁덜렁하는 거예요. 차에 치인 거지요. 안 무서우세요?"

나는 정말이지 조금도 무섭지 않았다. 오히려 그 이야기를 너무도 진지하게 하는 지용이의 모습을 보는 게 우스워서 웃음이 터지려고 하였다.

학교 앞 하숙집에는 같은 학교 교사들이 모여 살았다. 넓은 마당을 가운데 두고 빙 둘러진 작은 방을 한 칸씩 차지하고 살았다. 남교사와 함께 사는 하숙집에서 나는 때로 불편함을 감수해야 하는 일이 있었다. 얼마 후에는 논 가운데 있는 다른 집으로 이사를 했다.

점심시간에 하숙집에서 식사를 하고 교문으로 들어설라치면 2층 복도의 창문 쪽에 얼굴을 내민 남녀학생들이 박자를 맞춰 나를 불렀다.

"하나 둘 셋, 미화 언니이, 미화 언니이~"

고 3학생들과 나는 겨우 여섯 살 차이였으니 언니라고 부를 만도 하였다. 부르는 소리에 고개를 들어 2층을 올려다보면 학생들은 창문 아래로 머리를 감추고 숨어서 얼굴을 볼 수는 없었으나 어떤 녀석들인지는 뻔히 짐작할 수 있었다. 매일 매일 수업에서 만나는 그 아이들을 모를 리 없는 일이었다.

스승의 날엔 교실 문 위의 한 공간에 물 한 바가지를 얹어 놓았다가 교실 문을 열고 들어오시는 선생님한테 정확히 쏟아지게 하는 장난도 하였다. 나랑 동갑내기이던 국사선생님은 젖어버린 옷을 부여잡고 길길이

뛰며 화를 내셨다고 했다. 지금 생각하면 어처구니없는 일이지만 그 당시에는, 옷 한 벌이 한 달 월급 정도 되는 고액의 유명메이커 옷을 사 입는 문화가 있었다. 그 비싼 옷이 물에 젖는 것이 마음 편한 일은 아니었을 것이며 옷값을 떠나서 그림자도 밟지 않는다는 선생님께 감히 물벼락이라니, 화가 날만한 일이기도 하였다. 그런데 나는 이미 그때부터 학생들에게 사랑받기 위해 애쓰는 영악함을 지녔으니 일부러 화도 내지 않고 말했다.

"으아아, 좀 시원하다. 재미있니?"

당연히 학생들은 예쁜 선생님은 화도 안 내고 이해심도 많으시다고 아부를 해댔다. 그러고는 출석부 사이에 닭발을 끼워놓는 장난도 잊지 않았다.

그러나 한편으로는, 나는 엄격하고 진지한 교사이기도 했다.

내가 그 학교를 떠나 부천으로 전근한 뒤, 기차에서 옛 동료인 영어선생님을 만난 적이 있었다. 그런데 얼마 전에 만난 졸업생 중 한 남학생은 그 선생님에게 이렇게 물었다고 했다.

“김미화 선생님 결혼하셨어요? 그렇게 무서운 선생님도 결혼할 수 있나 싶어서요.”

내가 부임하던 날 첫 시간, 3학년 1반에 한문 수업을 들어갔을 때였다. 나보다 훨씬 크고 시커먼 아저씨 같은 고3 남학생들 여럿이 자리에 앉지도 않고 교실 뒤에 서서 빈둥대고 있었다. 이를 한참이나 지켜보던 나는 단호한 몇 마디로 그들을 제 자리에 앉혔다. 일사천리로 수업을 진행한 후 교무실로 왔을 때 다른 국어선생님이 나를 찬찬히 보며 물으셨다.

“선생님, 안 우셨어요? 고3 남학생들이 새로 오신 선생님을 울리겠다고 벼르면서 작전을 짰다고 하던데.”

그 후에 보니, 여고생 잡지사 기자를 하다가 오셨다는 그 선생님은 수업시간마다 아저씨 같은 아이들과 다투다 붉어진 얼굴로 교실 문을 나오셨지만 내 수업시간은 언제나 엄숙한 분위기여서 나는 조용한 수업 분위기가 당연한 거라고 생각했었다. 지금 생각해 보면 고3이라도 그런 수업은 정말 견디기 힘든 시간이었을 것이다. 나야 당연히 내가 여고 다닐 때의 그 수업 분위기가 내가 알고 있는 수업의 전부였으니 그렇게 할 수밖에. 참 미안한 일이다.

하루 여섯 시간을 감내해야 하는 나의 목은 늘 아프고 쉰 목소리를 내었지만 끝까지 수업을 진행하는 나를 보고 우등생이던 홍정환이 말했다.

"선생님, 오늘은 그만 하시고 다음 시간에 아름다운 목소리로 수업하시지요."

나는 그때서야 수업을 멈추고 잠시 휴식하였다. 지금도 늘 목이 아픈 직업병을 그 양평 초임지에서 얻었다.

유승헌, 사관생도처럼 의젓하고 바르고 잘생긴, 학생회장이었던 열아홉 살의 그는 스물다섯 살인 나에게 말했었다.

"선생님은 돌아가신 우리 엄마 같으세요."

나는 다른 학생들도 몇몇이 있던 그 자리에서 순간적으로 말해버렸다.

"어머, 너의 엄마가 무척 미인이셨나 보다."

승헌이도 친구들도 가볍게 웃어넘겼다. 태연하게 그렇게 말했지만 내 가슴 속에는 순간 아련한 안타까움과 애틋함이 밀려왔었다. 지금 내게 그런 말을 하는 학생이 있다면 오래도록 따뜻하게 안아줄 것이다.

요즘 인기가 있는 예쁜 남자처럼 몸매가 가늘고 비디오 타입의 작은 얼굴을 가졌던 김지수, 그는 오래달리기를 잘 했었다. 가끔 밤 시간에 교무실로 찾아와 나를 보며 아무 말 없이 히죽히죽 웃던 아이. 그가 몇 바퀴고 운동장을 달리는 모습을 보면서 나는 어쩌면 인생은 저런 마라톤과 같을 거라는 생각을 했었다. 그리고 발령 받은 걸 축하한다는 교수님의 편지에 그 아이 이야기로 답장을 보냈었다.

복도에서 나를 보면 "엄마~" 부르며 다가오던 우리 반 부반장 윤영숙, 남한강에서 달밤에 배를 대주었던 고의현, 하늘과 강물 속과 술잔 속과 그대의 눈 속에 달이 떠 있다는 이태백의 시를 말하며, 대심리 고개 너머 남한강에서 우리는 밤 뱃놀이를 즐겼었다.

고교 시절 내내 붙어 다니더니 졸업 후 일찌감치 결혼해 부부가 된 김정수와 이현애, 모범생으로 공부에 열중하더니 후에 내 아이가 다니던 학교의 행정실장이 된 한현숙, 몇 해 전 용문사 가는 길에 선생님 만나 너무 좋다고 극진히 식사 대접을 하던 최윤진.

예나 지금이나 그 아이는 성격 좋고 해맑게 웃는 얼

굴을 그대로 지니고 있는 듯하였으나 그들은 이제 모두 지천명의 나이가 되었다.

이제는 어디서 만나도 그들이나 나나 비슷하게 세월의 흔적을 담고 동시대를 살아가는 인생의 소중한 인연들이다.

김소영

동인시집 『학운동 풍경』 외 13권

글샘 동인

부천북고등학교 근무

ksyljn@hanmail.net

'행복목욕탕幸の湯'에서 행복해지기 (외 1편)

김 소 영

무료한 일상에 변화를 주고자 몇 분의 선생님과 동아리를 만들어 책도 읽고, 영화도 보고 답사도 하며 변화 있는 생활을 해 보자고 했다. 월 2회 퇴근 후 3시간 정도 할애하여 운영하자며 동아리 이름도 고심하여 내용에 맞게 '북유럽(Book遊Love)'이라 정하고 야심차게 출발한 지 3개월이다. 2학기 개학을 하고 처음 만나 계획대로 영화를 보기로 했다. 박경수 선생님께서 일자日字를 일깨워 주고 친절하게 영화 '행복 목욕탕'을 준비해 오셨다.

영화를 잘 보기 위해 갈비탕으로 배를 든든히 채우고 커튼을 치고 소등을 하여 영화에 집중할 수 있는 분위기를 만들었다.

"목욕탕 주인이 수증기처럼 사라졌습니다. 행복 목욕탕은 당분간 쉽니다."

이 메시지로 영화는 시작된다. 집 나간 남편으로 인해 목욕탕 영업을 계속할 수 없어 후타바가 목욕탕 앞에 내건 안내장이다. 후타바는 빵집을 다니며, 고등학교에서 왕따를 당하며 날마다 학교에 가기 싫어하는 딸 '아즈미'와 함께 살다가 말기암 선고를 받고 시한부 인생을 살며, 집 나간 남편 사치노를 찾아와 자신의 사후 아즈미가 살 수 있는 평범한 일상을 만든다.

"교복이 없어졌어요. 학교에 안 갈래."

"오늘 안 가면 영원히 못 가."

"안 가면 그만이지. 다신 안 가."

"도망치면 안 돼, 네 힘으로 맞서야지."

"엄만 몰라. 나한테는 맞설 용기가 없어, 하찮은 인간이라. 나는 엄마랑 달라"

"엄마랑 아즈미는 하나도 다르지 않아."

딸 아즈미는 학교에 가기 싫다고 엄마와 실랑이를 한다. 아빠는 '교복 하나 사 주지.'라고 말하지만 엄마는 교복을 아즈미 힘으로 찾아와야 한다고 교복을 사 주는 것은 안 된다고 말한다. 아즈미는 체육복을 입고 학교 가기가 더욱 싫었지만 결국 엄마의 성원으로 학교에 가서 교복을 찾은 후 "엄마의 유전자가 도움을 줬어."라고 말한다. 그때 엄마 후타바의 마음은 한없이 행복했을 것이다. 왕따를 당하는 엄마들의 심정이 헤아려진다. 매년 실시하는 수련활동이나 수학여행에도 친구가 없어서 참가를 포기한 학생도 있다. 수백 명이 가는 것 그것을 내 자식이 갈 수 없다고 할 때 그 마음은 신경림 시인의 시 구절 '갈대는 속으로 조용히 울고 있었다.'란 표현이 어울리지 않을까. 비록 학교폭력대책이 있다 하지만 겉으로 크게 부상되지 않는 경우 학생과 그 사실을 안 학부모 모두 속으로 조용히 울며 어쩌지 못한 경우도 많을 것이다. 후타바가 "한 번 못 가면 영원히 못 가." 하며 꼭 등교를 시키고자 하는 엄마의 입장에 많은 공감이 갔다. 그 한 번이 중요한 것이다. 아즈미는 그런 엄마의 마음을 알고 체육복을 입고 등교한다.

체육 시간도 아닌데 체육복을 입었다는 빈정거리는 웃음소리가 온 교실에 가득 찬다. 그 순간 아즈미는 엄마의 말 '아즈미 너랑 엄마랑 다르지 않아.'라는 말을 떠올리며 대담한 행동을 한다. 체육 시간이 아니니까 체육복을 벗겠다며 겉옷을 다 벗어 버리고 엄마가 선물해 준 브래지어와 팬티만을 입고 "교복을 돌려줘! 내 교복을 돌려 줘!"라고 말한다. 남자 담임선생님과 학급생 모두가 깜짝 놀라고 담임선생님은 옷을 계속 입으라고 말하지만 아즈미는 처음으로 자신을 변호하고 권리를 찾는 말과 행동을 한다. 더 이상 피해자로 가만히 살지 않겠다는 마음을 몸으로 보여주며 극복해 나간다.

학교에서 벌어지는 잘 노출되지 않은 은따－은근한 따돌림－가 생각난다. 문제를 노출시켰다가 더 왕따를 당할까봐 노출도 시키지 않고 은근히 속앓이를 하며 살아가는 많은 학생들, 이들은 과거에 왕따를 한 번씩 당했던 경험이 있다고 조용히 말한 걸 들은 적 있다. 어떻게 다가가야할지 잘 몰라서 했던 행동이 공동생활에서 배척당했던 경우, 장난이 참을 수 없는 스트레스로 다가오는 경우, 어느 날 재미로 한 아이만을 따돌리기로 약속하여 왕따를 시키는 돌림따, 가정과 학교의 스트레스로 인해 스스로 자신이 친구를 따돌리고 조용히 살기 바라는 자따, 단체 안에서 자신의 행동이 타인에게 괴로움을 주는 줄도 모르고 하는 행동들에 대해서도 이즈음에 한번 생각해 볼 일이다. 친구들의 괴롭힘으로 외로운 섬이 된 아즈미에게는 즐거워야 할 학교는 오로지 경계해야 할 공격자가 많은 공간인 것이다.

아즈미의 아빠 사치노는 열여덟 살 농아聾啞인 기미에와 교제하여 이미 아즈미를 낳고 어린 엄마가 아이를 감당할 수 없을 때 후타바를 만나 후타바는 한 살 된 아즈미의 엄마가 되어 기르게 된다. 아즈미가 언젠가 엄마와 만나 수화를 해야 하므로 수화를 일찍부터 가르친다.

이 가족은 가족의 구성원이 해야 할 일을 대신해 주지 않고 꼭 해내게 하는 방침이 있었다. 그렇게 된 데에는 엄마의 철저한 가정교육의 결과였다. 나는 어떠했는가? 나는 바쁘다는 핑계로 아이가 할 때까지 기다려 주지 못하고 그것 안 하냐, 그것도 못 하냐 등의 야단을 치며 내가 해버려 아이에게 기회를 주지 않았다. 나는 아이들을 여유를 가지고 차분하게 키우지 못했다는 후회가 밀려온다. 후타바는 아이들이 집안일을 하기 싫다고 하면 '우리 집 규칙이니 해야 한다.'고 하며 끝까지 하게 시키고 집에서 한 몫을 해야만 먹을 권리도 생긴다는 것을 가르치며 '일하지 않는 자 먹지도 말라.'는 문구를 인용한다. 그러한 가운데 아즈미도 차차

의식이 자라 건실한 가족 구성원이 된다.

1년 전 가출을 했다 아유코를 달고 온 아빠는 목욕탕 물을 데우기 위해 장작불을 태우며 남성적 야성미를 드러내고 있지만 문제투성이의 존재이다. 아즈미가 아유코를 동생으로 인정하며 행복목욕탕이 잘 운영되는 느낌에 활기를 느끼고 아빠가 일하는 불가마가 있는 곳에 와서 '행복목욕탕이 다시 운영되어서 좋아.'라는 말을 하며 젊은 아빠를 받아들인다. 그러나 아빠가 처음 집에 돌아왔을 때 바람을 피우고 애를 데리고 온 옹색한 변명을 아즈미가 들어간 화장실 앞에서 했을 때만 해도 아버지의 마음을 받아들이고 싶지 않았을 것이다. 그래도 아빠로서 아이에게 잘못을 이야기하고 사과 받고자 하는 장면은 권위적인 가부장문화 속에서 어린 시절을 살아온 나로서는 매우 인상적이었다. 한국 아버지들이 보통 자식에게 그런 잘못에 대해 사과하고 용서를 빌지 않고 구렁이 담 넘어가듯 서로 문제점을 감추고 살아가는 것을 종종 보았기 때문이다.

작년 여름에 가 보았던 필리핀에는 한국 아버지와 필리핀 어머니를 둔 사생아 일명 코피노가 전체 인구의 5% 이상이 된다고 가이드가 설명하며 우리를 코피노

후원 기념품 가게로 안내했다. 필리핀 인구 1억 650만 명의 5% 이상이니 500만 명 이상이 한국인 사생아 즉, 아빠가 없는 삶을 살고 있다니……. 2차 세계전쟁 후 전범 일본이 뉘우치지 않아 강제노동자로, 정신대로 끌려 간 우리 민족의 삶은 얼마나 고통스러웠는가. 일본이 독도를 자기 땅이라고 우기며 우리 민족에게 현재까지 주는 고통이 그 얼마인가. 우리는 이것을 비판하면서 사업상, 유학상으로 약소국에 가서 그 약소국의 여성에게 그리고 새로 태어난 생명들에게 무엇을 했는가, 한 인간에게 아버지 없는 설움을 겪고 살게 하다니, 현대를 살아가는 한국인의 뒷면을 현지에 가서 보니 많이도 부끄러웠다.

후타바는 인생여행 중 부인이 셋인 잘나가는 건설회사 사장 아들이며 청년 방랑 여행객인 타쿠미를 만난다. 빨간 차를 타고 싶다는 수작으로 다가온 타쿠미의 청을 들어 몇 곳을 같이 다니며 우정을 쌓는다. 타쿠미가 새로운 목적지 홋카이도를 다녀온 후 찾아가겠다는 말을 하자 그녀는 올 거면 빨리 와야 한다, 시간이 얼마 남지 않았다는 말을 한다. 그는 결국 후타바가 죽기 전에 와서 인간 피라미드를 만드는 일에 동참한다. 이

청년도 엄마의 따뜻한 사랑을 받을 기회가 적었다. 아버지의 바람벽에 청년도 방황할 수밖에 없었다. 이런 청년을 따뜻하게 안아주며 이별했던 후타바 역시 엄마에게 버림받은 존재였다.

후타바는 죽기 전 탐정가를 통해 엄마를 찾는다. 기업가와 새 결혼을 하여 손자를 낳고 산다는 말에 마지막으로 엄마를 보고 싶은 후타바는 휠체어에 의지하지도 않고 혼자서 잘 살고 있다는 모습을 보이기 위해 안간힘을 써서 그 엄마의 집을 찾는다. 거실 유리창으로 보이는, 자신을 버리고서 얻은 엄마의 행복이 보였다. 그마저 용서해 주려고 찾은 엄마, 엄마는 청천벽력 같은 이야기를 한다. 그런 딸을 둔 적 없다는 것이다. 인간은 늘 욕망을 추구하는 인간들 때문에 고통 받아야 하는가? 후타바의 심정이 나에게 전이되었다. 저렇게 할 때 어떻게 해야 하는가 생각할 때 영화 속에서 유리가 쨍그렁 깨졌다. 후타바는 엄마의 행복만을 추구하는 그 이기심에, 비인간적 모습에 대문 기둥 위 장식물을 던져 유리창을 깨뜨렸다. 백 마디 말보다 큰 반항이었다.

경찰에 잡혀가는 위기를 모면하게 해 주는 사설탐정가도 둘째를 낳다가 부인이 뇌출혈로 숨져 마유라는 여섯 살 딸아이를 혼자 기르고 있는데, 마유에게 언젠가 엄마를 만날 수 있는 것으로 생각하게 하며 일터에 데리고 다니며 키운다. 탐정가는 업무상 만나는 후타바의 아이를 잘 챙기는 따스한 마음에 동화되어 자신도 모르게 행복목욕탕에 발을 들여 놓게 되며 행복목욕탕은 상처 받은 이의 따스한 안식처가 되어 더 많은 가족과 사랑으로 살아가는 공동체로 탄생한다.

후타바는 그렇게 이루어지는 공동체를 보며 죽고 싶지 않았다. 행복을 추구하는데 살아 있을 때에는 고통뿐이었던 삶들이 죽음에 이르러 너무나 행복하게 이루어지는 이 모순, 영화는 우리에게 이 삶의 모순을 받아들이라고 말하는 것인가. 안타깝다. 사치노도 후타바가 죽게 되지 않았다면 돌아오지 않았겠지……. 후타바도 말기암 진단을 받지 않았다면 남편을 찾으러 가지 않았겠지……. 나는 이 지점에서 우리 인간이 지금 무엇을 어떻게 해야 현명한 일인가를 생각해 보았다. 두세 달, 육 개월, 일 년 후에 죽는다고 해야 유한한 삶인가. 80년, 90년은 너무 길기에 영화는 더 짧은 한정된 시간을 상정하여 삶을 보여준다. 노인 한 명이 죽는 것은 도서관 하나가 없어지는 것과 같다는 말이 떠오른다. 청소년이 나이 든 사람들과 자주 교제해야 하는 이유도 남은 시간의 의미에 대해 잘 깨닫게 될 수 있기 때문이라고 생각해 본다.

후타바의 장례를 통해 사설탐정가는 여섯 살 딸 마유에게 엄마의 죽음을 이해시킨다. 엄마와 마유는 이미 만날 수 없게 되어 있다는 것. 우리는 살아가며 수많은 죽음을 보거나 듣거나 만나게 된다. 오늘 아침에도 버스 기사가 지나가는 행인을 치어 내려서 그 사고자를 돌보는 사이 승합차의 2차 사고로 두 명이 목숨을 잃은 안타까운 사고가 전해졌다. 2차 사고의 위험에 대해서 너무나도 많은 주의를 주지만 사고의 순간 이성을 추스를 시간이 없어서 더 큰 사고를 당하는 인간의 모습이 안타깝다. 우리는 사랑하는 사람들의 죽음을 보며 크게 깨닫고 느낀다. 나도 사랑하는 아버지를 여의고 시간의 유한성과 죽은 사람의 가장 큰 바람은 산 사람인 내가 슬픔을 극복하며 잘 사는 것이라고 크게 깨닫게 되었다.

이 영화는 후타바의 고생, 그로 인해 상처 입은 사람들이 가족으로 재구성, 재결합하여 행복해지는 메시지를 주는 내용이다. 이 영화의 문제적 남자 사치노의 문제적 면모를 중심으로 문제를 해결해 나갔다면 이것은 영화가 되지 못했을 것이다. 그러나 문제적 인간이 남긴 문제를 따뜻하게 해결해 나가는 유한한 삶을 사는 후타바를 통해 이 영화는 감동을 준다. 후타바의 행동은 현실적이면서도 이상적이다. 나라면 그 상황에서 그렇게 할 수 있었을까? 나에게 의문을 던진다. 할 수 없었겠지 하면서도 그렇게 하는 게 낫겠다는 생각을 해 본다. 인생은 짧고, 짧은 시간을 문제적 행동을 한 인간을 벌주는 일들로 끝낸다면 그 시간이 너무 허망할 것 같아서이다. 현대인의 아픈 마음의 상처에 빨간약 머큐로크롬을 발라주며 잘 살라고 가끔 아침 출근길 라디오에 서천석씨가 등장해 말하는 것이 생각난다. '용서는 나를 위해 하는 것이다.' 이 말은 상처 입은 사람에게 정말 잔인한 말이다. 하지만 시간이 흐르고 흘러서 '그렇게 했던 것을, 그렇게 하지 않았던 것을'에 대한 차이는 정말 크고 크다는 것을 느낄 것이다. 내가 어린 학생이라면 이렇게 반문하겠다. '그럼 시간이 흘러야 알 수 있는 것을 우리더러 어쩌라고요, 우리도 시간이 흐르면 깨닫겠죠.' 그럼 난 현재 교단에서 있기에 이렇게 답해주련다. 그 시행착오의 시간을 독서를 통해, 사색을 통해 극복할 수 있다고……. 이

말 속에는 나의 안타까움이 많이 녹아들어 있다는 것을 눈치 빠른 독자들은 이미 알아챘을 것이다.

이 영화에는 모두 결핍이 있는 인간들이 등장한다. 알고 보면 아빠 사치노 씨도 계산도 할 줄 모르고 한자도 읽을 줄 모르는 무식쟁이다. 그리고 나머지 등장인물들도 사랑의 결핍을 지닌 인물들이다. 이런 속에서 상처 입은 인물 후타바를 통해 하나의 공동체로 거듭나는 영화 '행복목욕탕'은 결핍을 어떻게 대처하느냐의 자세를 일깨우기도 한다.

모든 삶들은 결핍을 내포하고 있기도 하다. 나의 선친께서도 당시의 양자제도에 의해 큰아들이라는 이유로 유아기 때 큰집에 양자로 가서 생모와 생부의 사랑을 갈구했다. 그러한 아버지의 어린 시절 이야기를 우리는 자라면서 많이 들었고 한 집안의 가장으로서 우리들을 기르면서도 그런 아쉬움을 종종 말씀하실 때면 인간의 원초적인 사랑에 대한 결핍에 대해 생각해 보았다. 결핍은 몰라서, 조건이 주어지지 않아서, 어쩔 수 없는 상황에서 등 이유도 다양하게 우리에게 다가온다. 그리고 그 속에선 늘 새로운 생명 꿈나무들이 자란다. 그래서 결핍에 대한 대처가 더욱 중요한 것 같다. 자신의 결핍을 미처 해소하지 못하고 꿈나무들에게 자신마저 결핍의 상황을 만들고 있다는 생각을 하면 아찔하다. 하지만 자신도 인간인지라……. '더 사랑하는 사람이 질 수밖에 없다.'는 말은 가슴을 아프게 한다. 나는 이 구절을 '먼저 깨달은 사람이 질 수밖에 없다. 그 속에서 새 생명은 광합성을 하며 자라고 있기 때문이다.'고 해석하곤 했다. 그리고 이 영화와 함께 엮어서 읽으면 좋을 청소년들과 다문화가정의 결핍 이야기를 다룬 김중미의 소설 '모두 깜언'이 생각났다.

'행복목욕탕'을 보고나서 영화 나눔을 하였다. 먼저 영화를 준비한 박경수 선생님께서는 이 영화를 이제 네 번째 보며 눈물도 많이 흘렸다고 했다. 그리고 영화에서 여행을 떠날 때 가족이 아빠의 배를 권투하듯 치며 즐겁게 떠나는 가족의 모습을 보고 자기도 병원에 있을 때 아이들과 애들 엄마가 여행을 떠났던 경우가 있었는데 혹 그러한 상황이 다시 된다면, 그 장면을 따라하고 싶다는 바람을 말하며 슬픈 상황에서도 그만큼 가족구성원과 즐거운 규칙을 갖는 것도 좋겠다고 했다. 가장이고 아빠이기에 가족의 문제와 아이들의 입장 아내의 입장을 두루 생각하며 감상에 젖었던 영화를 우리에게도 볼 수 있는 기회를 주었고, 교육 자료로도 투입할 수 있게 해준 박경수 선생님이 고맙다.

아즈미 역을 한 배우 '스기사키 하나'는 일본의 국민 여동생으로 불리는 유명한 배우라고 했다. 영화를 만들기 위한 시나리오를 쓸 때부터 이 배우를 염두에 두고 썼을 정도라 한다. 이 배우의 연기 평에도 감정의 밀도가 매우 높은 배우라고 쓰여 있다. 이 영화의 성공은 배우들의 연기력에 힘입은 바 크다고 생각한다. '스기사키 하나'의 감정 연기뿐만 아니라, 야윈 몸매를 가진 '미야자와 리에'의 후타바 역 또한 압권이었다. 부드러운 듯 강한 의지를 가진 엄마 역할뿐만 아니라 병자 역으로 죽음에 이르는 과정까지 연기하며 영화를 보는 관객의 시선을 마지막까지 사로잡았다.

김길언 선생님께서는 영화가 눈물을 자아내는 인위적 요소를 귀신같이 많이 배치하고 있어 오히려 눈물이 나지 않았다고 했다. 그 귀신같은 요소는 괴롭힘 문제, 죽음의 전제. 결핍, 남편의 대책 없는 바람 등이 아닐까 생각해 본다. 김 선생님은 눈물샘 자극 장치가 식상하기도 했다며 맹비판을 하였다. 교사 임용시험 전 감정을 거세하고 오직 임용시험 공부만 했다는 김 선생님은 이번 영화를 보고도 눈물이 나지 않았다고 했다. 임용시험이 그만큼 혹독한 마음가짐으로 준비해야만 하는 관문인 듯했다. 하지만 후반부에서는 아직 아빠가 되지 않아 감동이 적었나 하는 말도 해 주었다. 나는 아빠였더라면 느낌이 조금 달랐을 것이라고 지금도 생각한다. 그리고 '오다기리 죠'라는 아빠 역할의 배우 연기가 좋았다는 평을 해주었다. 김 선생님은 내용보다 영화를 둘러싼 이야기를 많이 해 줘 종합적 감상과 평가가 이루어지게 해주었다.

나는 아직 영화에 대한 종합적 인식의 단계에 이르지 못했다. 사람들은 어느 배우의 연기, 감독, 색, 음악 등 때문에 영화를 본다는 말을 한다. 영화는 시나리오를 배우의 연기와 더불어 기계적 장치를 통해 보여 주는 것이므로 영화를 좀더 종합적으로 감상할 수 있는 능력을 기르는 것도 삶의 재미 요소를 늘리는 한 방법이 되겠다.

자기 몫을 당당히 하며 포용적 자세로 상처 입은 사람을 따스하게 품어내는 인간상을 그려 감동을 준 '행복목욕탕'의 시나리오 작가부터 연기자 등 영화 관련인 모두에게 감사하며 법륜 스님의 행복한 삶에 다가가는 방법에 대한 말씀을 떠올리며 마친다.

먹을 게 필요한 사람에게 밥 한 끼를 나누어주고, 옷

이 필요한 사람에게 남는 옷을 내어주고, 넘어진 아이를 일으켜 세워주는 것도 모두 나눔입니다. 이렇게 작은 나눔을 실천하다보면 내어주는 것보다 얻는 게 훨씬 더 많아요.

—「행복」, '5장, 어제보다 오늘 행복해지는 연습' 중

인향만리人向萬里가 되게 하는 말

—『언어의 온도』 이기주/ 말글터/ 2017/ 13,800원

'말은 그 사람의 인격의 표현이다.' 이 말은 나의 생각이다. 평소 말에 관심이 많던 나는 보라색의 표지에 단정하게 쓰인 책 제목에 끌렸다. '언어의 온도' 제목이 새로웠고 마음이 따뜻해지는 느낌이 들었다.

본문은 세 갈래 '말言, 마음에 새기는 것 / 글文,지지 않는 꽃 / 행行, 살아있다는 증거'로 이루어져 있다. 저자 이기주는 서문에서 '섬세한 것은 대개 아름답습니다. 그리고 예민합니다.'로 시작해서 온기 있는 언어가 슬픔을 감싸주고, 용광로처럼 뜨거운 언어는 타인에게 정서적 화상을 입히고, 차가운 언어는 상대의 말문을 닫게 한다고 말하고 있다. 그러면서 우리의 일상에서 차가운 말, 따뜻한 말들을 골라 어원과 유래들을 짤막짤막한 이야기와 함께 소개해 주어 읽는 재미가 있었다.

이 책은 사람들이 언어에 의해 상처를 주고받는 일이 많기에 말로 상처를 주기보다 위안과 위로를 줄 수 있는 바람이 실려 있다. 저자 이기주는 전직 기자로서 자신의 생각을 한 권으로 엮어 1인 출판사에서 출판하여 2017년 73만부를 판매한 출판계의 신화적 일을 만들어냈다. 그러나 처음부터 그렇게 팔렸던 것은 아니고 출판된 책을 캐리어에 끌고 전국의 서점을 순례하며 판매했다고 한다. 그 책이 우리 학교 사회문화 교과의 권장도서가 되어 나도 빌려 읽게 되었다.

마음에 새겨지는 말言

제1부 '말言, 마음에 새기는 것'에는 말에는 상처를 치유할 수 있는 힘이 있다고 한다. 좋은 말을 마음에 새기면 활력과 행복이 차고 넘칠 것이다. '말의 씨를 잘 뿌려라!' 이런 말이 있다. 고 김영삼 대통령은 중학교 시절 '미래의 대통령 김영삼'이란 문구를 책상 위에 걸어 두고 공부하여 마침내 대한민국의 대통령이 되어 금융실명제, 부동산거래실명제, 공직자재산등록제 등의 정책을 실시하여 깨끗한 정부를 만들기 위한 기틀을 잡았고, OECD 가입 등으로 우리나라 발전을 위한 터전을 닦는 훌륭한 일들을 해냈다.

나의 경우, 출가하여 타향에서 직장생활을 하면서 부모님과 전화를 할 때 아버지께서는 '고생한다'는 말로 시작하셨다. 그 단어는 왜 그렇게도 내 마음을 누그러뜨렸을까, 지금 그 위로는 다시 들을 수 없게 되었지만 어머니께서도 전화를 끊을 때 '고맙다'가 종결어가 되어있다. 이런 언어 사용을 보면 여러 말보다 짧은 말을 지속적으로 사용하는 것이 오히려 언어의 온도가 지속되는 것은 아닌가 싶다.

말은 어조도 중요하다. 예전 90년대에 있었던 일이다. 교장선생님께서 학교를 운영하다 보면 선생님들의 안타까운 사연에도 불구하고 학생들을 위해 하루라도 학교에 더 나오게 하였다. 그 때 육아휴직 시간이나, 병가 등에 관한 일을 교장선생님과 상의하며 신청하는 일이 있었다. 그러나 그 교장선생님은, 딱한 사정에 대해 공감하며 그래도 학생을 위해 조금 더 근무해 달라는 표현이 아닌 조금 매정한 느낌이 나는 어투를 사용하여 그분의 뜻과는 다르게 교장실에 들어갔다 나오는 여선생님들은 큰 상처를 받았다. 그 후 그 학교에는 반 교장 분위기가 형성되어 급기야 그 교장선생님이 좌천되는 일까지 벌어졌다. 이런 예를 보면 따뜻한 어조의 언어 사용 습관이 얼마나 중요한 것인지 알 수 있었다.

말言의 장례식

1부 내용 중 '언총言塚' 부분이 인상 깊다. 언총은 한마디로 말의 장례식이다. 마을이 흉흉한 일에 휩싸일 때마다 여러 문중 사람이 언총에 모여, '기분 나쁘게 들릴지 모르겠지만…'으로 시작하는 쓸데없는 말과 '그쪽 걱정돼서 하는 얘기인데요…'처럼 이웃을 함부로 비난하는 말을 한 데 모아 구덩이에 파묻었다. 말 장례를 치른 셈인데, 그러면 신기하게도 다툼질과 언쟁이 수그러들었다고 한다.

이 말의 무덤言塚은 실제로 경북 예천군에 있다하니 공동체를 잘 이끌어가려는 우리 조상들의 지혜가 느껴진다. 여러 사람이 사는 곳에서는 말로 인한 시비가 끊이지 않으며 불신不信과 불목不睦을 가져오는데 그러할 때 상처 입은 말이나 상처 준 말, 듣기 싫은 말 등을 공동체원들이 종이에 써서 읊어 다른 사람도 듣게 한 후 관 속에 넣어 묻으면 한결 언어가 깨끗해질 것 같다는 생각이다. 그렇게 하고 나면 공동체 구성원들이 말을 사용할 때 조금 더 신중히 하겠구나 하는 생각을 갖게 했다. 그리고 학급 운영을 할 때 매달 한 번씩 흉흉한 언어의 장례식을 치러 말무덤을 만드는 것도 학창 시절의 뜻 깊은 행사가 되지 않을까 생각해 보았다.

우리는 소통하기 위해 말을 한다. 사랑하기 때문에, 염려하기 때문에 '하라, 하라, 하라' '하지 마라, 하지 마라' 말하곤 한다. 처음에는 그 말이 듣기에 좋지만 계속될 경우 잔소리로 들려 둘 사이는 말하는 사람과 말을 듣지 않는 사람 관계로 설정되는 경우가 많다. 제삼자가 듣기에도 불편한 경우가 많다. 저자는 '상대가 원하는 걸 해 주는 것이 사랑이라고 말하지만 그것은 작은 사랑이다. 상대가 싫어하는 걸 하지 않는 사랑이야말로 큰 사랑이다.' 라고 말하여 나의 마음도 찔끔하였다. 실상 나도 좋은 말을 자주 들려주어야겠다는 생각을 하며 잔소리 같은 말을 많이 하고 있기 때문이었다. 사람들은 좋은 말을 몰라서 실천하지 않기보다는 그런 환경이 되지 않아서 또는 실천할 방법을 몰라서 하지 않고 있을 경우가 많을 것이다.

과거에 부장교사의 영향력이 컸던 시절이 있었다. 그 학년부장님은 굉장히 일을 딱 부러지게 하셔서 담임 선생님들이 일을 대충하는 것을 그냥 넘기지 못했고, 자기 부서는 일사분란하게 부장의 뜻을 따라야 한다는 규칙을 암암리에 부서원에게 심어줘서 부서원이 부장과 다르게 학교 일에 대해 생각한다는 것은 있을 수 없는 일이라고 생각했다. 그래서 친목으로 가는 교직원 여행지도 무조건 부장이 가고자 하는 곳으로 따라 정해서 그 쪽의 인원수를 높여 주어야 했다. 그러니까 그 부서원들은 부장의 눈치를 엄청 보면서 같은 학교에서 근무하고 있었다. 물론 그 학년은 모든 게 일사천리로 잘 처리하는 모습을 보였다. 부장교사의 일방적인 리더십이었다. 하지만 그 부서의 부서원들은 한 해 동안 부서 잘못 만났다 하는 분위기를 느끼고 타 부서 선생님들은 '나는 그 부서 아니어서 다행이다.'고 말하기도 했다.

그러나 사람이란 때로 다른 사람의 지지가 필요한 일이 있기 마련이다. 그 때 그 부장교사도 교감 연수를 1년 앞둔 시기라 그 학교에서 근무하며 승진 연수를 받기 위해 유예제도의 혜택을 받고 싶어 했다. 그렇지만 그 누구도 그 선생님의 편을 들어주는 사람이 없었다. 관리자조차도 유예하고 싶어 하는 마음을 수용하기가 어려웠다. 왜냐하면 대다수 근무하고 싶어 하지 않는 선생님이 많다는 분위기를 알기 때문에 선뜻 수용하기가 어려웠던 것이다. 그때 나는 이런 생각을 해 보았다. 사람이 주변 사람에게 평소 바늘로 찌르는 것처럼 한마디 아픈 말을 하면 그 말로 인해 당시에 큰일은 일어나지 않지만 그 사람이 곤경에 빠졌을 때는 여러 사람이 동시에 등을 돌리는 것을 보았다. 평소에 말을 신중하게 하는 것이 필요하다는 것을 깨달았다.

외국어 어원을 통해

5월을 뜻하는 메이May는 그리스 신화에 나오는 풍요와 증식의 여신 마이아Maia에서 와 5월이 되면 곡식을 비롯한 모든 게 무럭무럭 자라기 시작하고 사람의 감정도 충만해진다. 충만한 감정과 함께 지구의 풍요로움도 더해진다. 이 부분에서는 김유정의 소설 '봄봄'이 떠오른다. 봄의 생명력과 함께 어수룩한 '나'도 주인집 점순이와 결혼하고 싶어 죽겠는데 빙장어른은 결혼은 시켜주지 않고 일만 시키니 마침내 빙장어른의 거시기를 당겨버린 노동력 착취의 씁쓸한 이야기를 해학적으로 그릴 수 있는 것도 봄이라는 계절이 뒷받침해 주었기 때문일 것이다. 봄날에 순수한 '나'의 사랑하고 싶은 마음을 '봄'이 아니라 '봄봄'이라고 표현하였던 것일 게다.

사과謝過를 뜻하는 단어 'apology'는 '그릇됨에서 벗어날 수 있는 말이라는 뜻이 담겨있는 그리스어 'apologia'에서 유래했다 한다. 저자는 먹는 사과의 당도가 중요하듯, 말로 하는 사과 역시 순도가 중요하며 사과에 '하지만'이 등장하는 순간, 사과의 진정성은 증발해 버린다 한다. 진심어린 사과에는 '널 아프게 해서 나도 아파.'라는 뉘앙스가 스며있다는데 공감이 많이 되었다. 미안함을 뜻하는 'sorry'는 아픈 상처를 지닌 'sore'에서 유래했다 하니 사과하는 것은 그만큼 아픔을 감수해야 하는 인간 사이의 예절인 듯하다.

웃기는 게 유일한 목적인 개그와는 결이 다른 유머는 라틴어 '우메레umere'에서 유래했다고 소개되었다. 우메레는 유연한 성질을 지니는 물체를 의미하며 적당한 유머는 삶의 경직성을 유연성으로 전환하고 획일성을 창의성으로 바꿔놓기도 하는 것이다. 우리나라에서 가장 좋아하는 상사 순위를 조사한 적이 있는데 2위는 밥 잘사는 상사이고 1위는 유머스러운 상사였다 하니 유머가 얼마나 사람들을 편안하게 하고 조직문화에서도 필요한 것인가 이 조사는 방증해 주는 듯하다. 프랑스의 사제이고 고생물학자인 테야르 드 샤르댕은 '유머는 남을 웃기는 기술이나 농담만을 의미하지 않는다. 유머는 한 사람의 세계관의 문제다.'는 말을 하였으니 우리도 유머 감각을 키우기 위해 노력해야 하지 않을까.

감정을 의미하는 이모션emotion의 어원은 움직인다는 뜻의 모베레movere이다. 감정은 멈추어 있지 않고 자세와 자리를 바꾸어가며 매 순간 분주하게 움직이기 때문이다. 여행을 의미하는 영어 단어 투어tour는 '순회하다', '돌다'라는 라틴어 tornusdptj 유래했다 소개했다. 흐르는 것은 흘러 제자리로 돌아오는 속성을 지닌다. 여행길에 오른 사람은 언젠가는 여행의 출발지로 되돌아온다. 돌아갈 곳이 없다면 그것은 여행이 아니라 방황인지도 모른다고 저자는 말하며 다양한 단어의 어원을 서구적으로 고찰하였다. 서양 문화의 영향을 절대적으로 받고 있는 요즈음 잘 이해되기는 하지만 과거 한문과 중국 고사로부터 어원과 풍속의 유래를 설명하려는 나의 어린 시절과 격세지감隔世之感이 느껴지기도 한다.

다양한 상황의 영화 소개

이 책에서는 영화를 소개하여 우리를 감상에 젖고 생각하게 한다. 기승전결이 있는 영화는 우리에게 어떤 문제를 객관적으로 생각할 수 있는 기회를 주지 않던가…….

부재不在를 부재로만 인식하던 나는 '부재不在의 존재存在'라는 구절을 보고 느낌이 새로웠다. '부재'가 아니라 '부재가 존재한다'는 것은 부재를 보다 잘 인식하게 해 주었다. 저자는 영화 '바닷마을 다이어리'를 소개하며, 한적한 바닷가 작은 마을 가마쿠라에서 평범한 일상을 꾸려 나가는 세 자매가 어느 날 15년 전 집을 나간 아버지의 부고 소식을 접하고 이복동생 스즈를 만나며 어색해 하다 핏줄의 당김으로 함께 살며 아버지와의 추억이 어려 있는 멸치덮밥, 해산물카레 등의 먹는 장면을 많이 연출해 보여 주며 그들을 하나로 엮어 주는 의도를 보여준다. 부재로 인해 그들은 끈끈하게 하나가 된다는 부재를 역설적으로 잘 설명해 주는 예화로 느껴졌다. 인식의 전환이란 이럴 때 쓰는 말인가 '부재의 존재' 왠지 곱씹어 보고 싶은 말이 되었다.

'글文, 지지 않는 꽃'이라 말하는 이기주

애지욕기생愛之欲其生 – 사랑은 사람을 살아가게끔 한다.

이기주는 헤밍웨이의 '노인과 바다'에서 나온 말 '인간은 파괴될 수 있으나 패배하지 않는다.(Man can be destroyed but not defeated.)'를 인용한다. 이 말은 작품에서 그려낸 노인을 통해 인간 정신의 위대함'을 말하고자 하였다. 이 부분을 읽다 보니 '인간은 만물의 영장이다.'는 말이 떠올랐다. 1995년 운전을 배울 때 집에 있는 12인승 승합차를 운전하기 위해 1종을 선택하니 트럭을 수동으로 운전하며 면허증을 따야했다. 당시에 여성 운전자는 소수여서 그 일이 어찌나 높은 산으로 느껴지던지 이런 생각을 하며 임했던 생각이 난다. '남성이 운전을 한다. 남자는 사람이다. 여성도 사람이다. 고로 나도 사람이므로 딸 수 있다.' 당시 시골에 있는 학교에서 근무하며 연년생의 두 아이를 조력자 없이 기르고 있어서 대처에서 치러지는 실기 시험에 자주 응시할 수 없어 해를 넘기고 말아 다음 해에 비록 2종 수동 면허를 땄지만 말로써 어떤 생각을 하느냐는 그 일을 좀더 쉽게 해낼 수 있게 하는 것도 몸소 느끼게 되었다.

수원화성은 1970년대부터 대대적으로 보수하여 1997년 세계문화유산으로 등재되는 쾌거를 이루었다. 문화재가 보수되어 등재 심사를 받을 때 '화성성역의궤'는 실로 중대한 역할을 하였다. 이 책이 있음으로 인해 보수를 당시와 한 치의 오차도 없이 잘해낼 수 있었다는데 이 책에는 성의 모습, 크기, 높이, 공사 기간 등과 당시에 사용한 석재, 벽돌, 인부들의 삯과 못의 수까지 망라되어 기록되어 있다. 200년 전에 이렇게 자세하게 기록된 기록물이 남아있다는 것은 수원화성을 세계문화

유산으로 등재하게 하는데 큰 기여를 했다니 기록의 소중함과 의미를 잘 깨우쳐 주고 있다.

우리말에 '톺아보다 즉 샅샅이 톺아 나가면서 살피다, 틈이 있는 곳마다 모조리 더듬어 뒤지면서 찾다'는 말이 있다. 한글은 아름답고 섬세하다. 섬세한 것은 대개 예민하다 그것을 잘 다루어야 한다. 그래서 아름다운 우리말로 그 누군가의 볕뉘가 될 수 있도록 하자는 저자의 생각에 공감하며 책을 읽어 나갔다.

"세상의 사귐은 언어로부터 시작한다. 그리고 모든 사귐은 하나의 여정이다. 마지막 순간이 두 사람의 추억을 지배한다. 시작을 알리는 것도 중요하지만 끝을 알리는 것도 중요하다. 당사자에게 알려지는 것과 당사자에게 알리는 건 큰 차이가 있다."

알려지는 것과 알리는 것의 차이를 말하는 저자 이기주는 얼마나 섬세한 사람인가. 그는 사람의 마음을 톺아보는 능력을 가진 사람이라고 생각된다. 알리는 것이야 말로 용기 있는 행동이며 상대를 배려하고 존중하는 자세이다. 그는 "격한 감정이 날 망가트리지 않도록 마음속에 작은 문 하나쯤 열어놓고 살아야겠다. 분

노가 스스로 들락날락하도록, 내게서 쉬이 달아날 수 있도록." 스스로 스트레스를 조절하는 법을 알고 실행하려는 자세가 돋보인다.

따라서 언어를 잘 사용한다는 것은 일의 시작과 마무리를 잘 짓는다는 것과 같다. 여기서 다루는 것이 언어이지만 언어는 실상 마음의 표현이므로 이 책은 곧 마음에 관한 책이라고 생각한다.

이름을 부르는 일은 숭고하다

내가 그의 이름을 불러 주었을 때
그는 나에게로 와서
꽃이 되었다.

내가 그의 이름을 불러 준 것처럼
나의 이 빛깔과 향기에 알맞은
누가 나의 이름을 불러다오
그에게로 가서 나도
그의 꽃이 되고 싶다

— 김춘수 「꽃」 부분

'숭고하지 않은 이름은 없다.' 말하는 그는 세상의 것들에 존재의 가치를 부여하고 존중하는 자세를 가졌다. '현대인들은 소셜 미디어로 타인과 소통하는데 상당한 시간을 할애하면서도 정작 자신과 소통하며 스스로 몸과 마음의 상태를 들여다볼 줄 아는 사람은 드물다'며 그는 자신과의 싸움보다 자신과 잘 지내는 게 훨씬 중요하다고 생각한다. '너 자신을 사랑하라.'는 말을 실천하는 것도 중요한 일이다. 나를 알아야 세상을 균형 잡힌 눈으로 볼 수 있고, 내 상처를 알아야 남의 상처를 보듬을 수 있다고 말한다.

법륜 스님은 이것을 '알아차림'이라는 말로 설명하며 스트레스를 받지 않고 자신을 다독이며 성장하는 법을 설파했다. 계획한 일을 하지 못했을 때는 '못했구나'의 자책성보다는 '놓쳤구나'의 허용적 말을 함으로써 '놓친 것을 알아차렸으니 다음엔 놓치지 않아야겠구나. 지금이라도 이것을 알아차렸으니 다행이야.' 하고 긍정적으로 생각하며 살라는 예화까지 들어주었다. 우리가 아는 진리 중의 하나는 자신을 사랑해야 남도 사랑할 수 있다는 것이다. 자신을 이런 식으로 사랑해 간다면 어느 날 참 많이 발전해 있는 것을 알 수 있을 것이다.

사랑하는 사람과 시선을 나눌 수 있다는 것, 참으로 소중한 일이 아닐 수 없다. 상대를 자세히 응시하는 행위는 우리 삶에서 꽤 중요한 의미를 지닌다. 그래서 사회생활에서 눈맞춤은 매우 중요하다. 미국이나 유럽에서도 시선을 마주치는 것eye contact을 예의 바르다고 생각하며, 시선을 피하는 것은 부정직하다고 생각하니 눈맞춤eye contact이 얼마나 중요한지 알 수 있다.

중국 속담에 "하늘을 날고 물 위를 걷는 것이 기적이 아니라 땅 위를 걷는 것이 기적이다."는 말이 있다. 우리가 땅 위를 걸으며 '말'로 인해 따뜻함과 사랑을 나눈다면 그것은 기적에 기적을 곱하는 행복을 느끼는 삶이 아닐까. 일상의 말에 대해 성찰해 보게 하는 『언어의 온도』는 현대인들이 한번 읽어보고 생각하며 언어관을 갖는데 도움을 받을 수 있는 책이었다.

12월의 길목에서 (외 1편)

이동희

한 해의 마지막을 알리는 12월! 달력의 마지막 장을 넘기는 손끝에 이런저런 생각들이 스쳐간다. 잠시 열어 놓은 베란다 창문에 들어오는 겨울바람이 뺨에 제법 차갑게 와 닿는다. 어둠이 채 걷히지 않은 출근시간을 뒤로 하고 옷깃을 단단히 여민다. 그러면서 또 한 해를 넘기는 시간의 길목에 무덤덤한 척하며 흐트러진 마음의 매듭을 다잡으며 집을 나선다.

길을 나서면 요즈음 나의 시선을 사로잡는 것이 있다. 바로 그것은 다름 아닌 샛노란 은행잎이다. 더 이상 거둬들일 것 없는 텅 빈 들판 같은 내 마음에 수북이 내려앉는 은행잎이 내게 잔잔한 행복으로 와 닿아 한 해의 끝자락이 결코 외롭지 않다.

버티려 안간힘을 쓰는 칙칙한 어둠의 끝자락이 주는 삭막한 우울함을 잦아들게 하는 샛노란 은행잎들이 너무나도 대조적인 보색대비를 이루는 것을 보는 것이 내게 커다란 위안으로 다가온다. 아울러, 결코 짧지 않은 한 해를 살아내면서 이러저러한 일들로 힘들어 하며 혼자 삭혀야만 했던 상처투성이의 심신에 은행잎들의 군무群舞가 잃어버린 생기를 불어 넣는다.

이따금 겨울을 재촉하는 바람이 들이닥치면 노란 은행잎들이 마치 꽃비처럼 겨울의 길목에서 장렬히 산화하기 시작한다. 각진 직선의 날카로움이 지배하는 회색 도시의 텅 빈 하늘과 칙칙한 아스팔트 거리, 후미진 주택가 골목길에 은행잎은 차별 없이 내려앉는다. 그럴 때마다 마음 한구석에 고이 숨겨놓았던 꿈들이 꺼져가던 마음의 불씨를 되살린다. 거친 세파에 휩쓸려 혼자서는 도저히 어찌할 수 없어서 늘 안타까워하며 마음의 서랍 속에 넣어 두어야만 했던 소박한 꿈들이 들불처럼 되살아나 마음의 뜨락에 번져간다.

세월의 나이테 속에 마지못해 잠시 내려놓았던 꿈들! 한참을 마치 잃어버린 듯 기억의 저편으로 떠나버린 착각 속에 신기루처럼 가물거렸던 꿈들에 대한 끝없는 연민 속에 샛노란 은행잎 따라 그리움을 주체할 수 없다. 마치 톡 건드리면 터질 것 같은 석류알처럼 그리움 가득 서린 꿈들이 시간을 건너는 길목을 수놓는다. 야속한 세월 속에 각인된 상처를 어루만지며 샛노란 꿈길에 심신을 온전히 내맡긴다.

여전히 어둠기만 이른 아침, 아직 커지지 않은 골목길 가로등을 지나 나서는 출근길에 깔린 은행잎 위를 걸을 때마다 잔잔히 와 닿는 지난날들에 대한 회한과 함께 소박한 꿈들과 내일에 대한 희망이 교차된다. 그런 순간순간의 상념들이 뇌리를 스칠 때마다 회색 도시의 울타리 속에 마비되고 잃어버렸던 얼굴에 미소가 슬며시 되살아난다. 그러면서 은행잎 사뿐히 밟으며 나를 스스로 반추해 본다.

지천명이 넘도록 한 세상을 살면서 과연 나는 단 한 번도 누군가에게 꿈이 되어준 적이 있었던가 하는 반문을 해본다. 아수라장 같은 세상을 살아내기 위해 아등바등거리며 무의미하게 과거로 흘려보내야만 했던 시간들에 대한 후회와 아쉬움 속에 그저 소시민적인 아니, 속물스런 꿈들을 쫓아 충혈된 눈을 치켜떠야 했던 어리석음에 매달려 왔다.

적나라하게 말해서, 남들이 이룬 꿈들 속에 깊이 드리워진 그들의 피와 땀, 눈물들은 무시하고 그저 찬란하게 빛나는 꿈들의 겉모습에 도취되어 성급하게 좌충우돌했던 게 부인할 수 없는 사실이다. 그리고 그들이 이룬 꿈들을 마냥 부러워하며 속으로 배 아파하고 나 자신의 꿈들을 이루기 위한 진지한 노력을 제대로 해 본 적이 없었다.

다시 말해서, 그저 남들이 피땀 흘려가며 이룬 꿈들만 욕심내고 나 자신은 언젠가는 그런 날이 오겠지 하는 막연한 미신 같은 허황한 생각들에 사로잡혀 하루하루를 허비한 것이 솔직한 자아비판적인 고백이다. 그렇게 마음속에 여백 없이 가득가득 채워진 헛된 욕망들이 내뿜는 독기 서린 악취에 마비되어 살아온 것이 나의 이력을 뒤덮고 있다.

한편, 푸른 하늘에 장렬하게 산화하는 듯한 은행잎들은 어김없는 자연의 순리를 거스르지 않는다. 더 이상 자연에 대들지 않고 묵묵히 대지로 돌아가는 것에 주저함이 없다. 그리하여 아무런 이유나 조건 없이 이듬해 새로운 생명을 위한 아낌없는 밑거름으로 아름다운 마무리를 한다.

이렇듯이, 우리가 무심코 밟고 지나는 은행잎에는 우리 대다수가 잊고 지내온, 어쩌면 애써 외면해 온 소중한 보석 같은 삶의 진리가 진하게 배어있다.

끝없이 최첨단을 추구하는 21세기의 문명의 이기利器가 지배하는 변화무쌍한 자본의 사회에서 우리는 끊임없이 헛된 욕망에 사로잡혀 부평초처럼 이리저리 휩쓸려 다니며 잠시의 여유도 없이 흔들려 온 게 사실이다. 그러다 보니, 자연과 마주할 수 있는 감성의 여백은 설 자리가 없어지고 그저 먹고살기 위한 생존경쟁의 먹이사슬 속 노예로 전락하고 있는 게 무척 서글프기만 하다.

어느새 귀밑머리가 희어질 만큼 제법 인생을 살다보니 바람에 휘날리는 은행잎의 몸짓 하나조차도 결코 예사롭지 않게 와 닿는다. 그러면서 대지 위의 은행잎들을 통해 두서없었던 헛된 잡념들과 욕망들을 내려놓고 다시금 자연 앞에 한 없이 겸손한 마음으로 다가가야겠다는 생각을 가져본다.

만원버스, 人生을 말하다

요즈음 차량 5부제의 시행으로 인하여 나는 자주 시내버스를 타고 학교에 출퇴근하고 있다. 지난 10년 넘게 자가용의 편안함에 길들여진 습관 때문에 처음엔 시내버스를 두 번씩 갈아타고 다니는 것이 무척 불편해서 미칠 지경이었다. 게다가, 이른 아침에 만원버스에 시달리며 시간을 낭비한다는 피해의식에 괜한 짜증이 나기도 하였다.

하지만, 이내 나는 도시적인 편리함에 길들여진 얄팍한 마음을 접고 덤덤하게 현실을 받아들이기로 하였다. 남동공단을 지나 소래포구 종점으로 가는 27번 버스는 항상 수많은 사람들로 붐볐다. 처음엔 흔들리는 버스 안에서 발 디딜 틈도 없어 몸을 가누느라 정신이 없었지만 이내 그런 상황에 적응이 되었다.

그러다 보니 어느새 혼잡한 출퇴근 시간이 힘들거나

지겹지 않게 되었다. 게다가, 자가용을 운전할 때와는 달리, 미처 보고 느끼지 못한 주변일상의 참 모습을 여유 있게 찬찬히 음미하는 쏠쏠한 재미도 생겨나게 되었다.

버스 정류장의 전광판에서 도착예정 시간을 확인하면서 보다 느긋한 마음으로 가로수들의 푸르른 아름다움을 제대로 느낄 수 있었다. 버스 정류장 뒤의 유치원 담장 안에서 밖을 바라보고 있는 수줍게 피어난 장미꽃들이 콘크리트 도시에서 무디어진 내 마음을 달래주었다. 이렇듯이, 출퇴근 시간의 촉박함 속에서 가지는 잠시의 여유가 나를 무척 즐겁게 해주었다.

그런 마음의 여유 속에 만원버스 안을 찬찬히 들여다보니 세상을 살아가는 다양한 사람들의 모습이 눈에 들어오기 시작했다.

갓난아기를 가슴에 안고 창밖을 내다보는 새댁, 함께 등굣길에 오른 재잘거리는 여중생들, 무거운 가방을 들러 멘 여드름투성이의 남학생들, 유니폼을 입고 피곤하게 서 있는 공단 근로자들, 알아들을 수 없는 자국어로 연신 대화를 주고받는 베트남 젊은이들, 갈색 파머머리에 청바지를 입은 50대 아줌마들, 재향군인회

모자를 눌러 쓴 머리가 하얗게 쉰 노인 등이 시야에 들어왔다. 그들은 소래포구 종점까지 가는 도중에 하나 둘씩 가고자 하는 곳에서 내렸다.

스쳐 지나는 창밖의 풍경과 함께 그들과 짧은 무언의 인연을 맺고 가는 매순간마다 그들에게 드리워진 삶의 모습들을 찬찬히 살펴보면서, 나름대로 인생이란 무엇인가에 대한 의미를 헤아려 보았다.

갓난아기부터 노인에 이르기까지 모두가 타고 내리는 곳이 저마다 다 다르다.

만원버스 안에서 편하게 앉아 가는 사람들도 있는가 하면 올라탄 지 얼마 되지 않아서 운 좋게 앉아 가는 사람들도 있고 내릴 때까지 줄곧 서서 가는 사람들도 있다. 그리고 혼잡하게 붐비는 차 안에서 늙으신 어른에게 자리를 흔쾌히 양보하는 아름다운 사람들이 있는가 하면 사소한 시비로 다른 사람들에게 불쾌함을 주면서 눈총을 받는 사람들도 있다.

그러다 보면, 어느새 만원버스는 슬슬 한산해지고 종점에 다다를 무렵에는 나 혼자만 남는다.

만원버스 안에 타고 있는 그 어느 누구도 모두가 소중한 사람들이다. 성별, 연령, 학력, 경제력, 출신지역의 구별이 무의미한 만원버스라는 무대의 주인공들이다. 그저 가는 곳까지 묵묵히 차별 없는 버스 안에서 자신을 가다듬고 내릴 곳만 조용히 기다린다. 종점에 이르는 그 길에는 자신만의 시간과 공간이 함께 할 다름이다.

이 세상을 살아가는 어느 누구도 이 세상에 오고 가는 시간이 저마다 다르고 부평초 같은 짧은 인생에서 저마다 겪는 일도 다르다. 게다가, 저마다의 삶 속에서 예기치 못한 시련의 강도와 시기도 다 다르다.

한편, 자신들만의 속도로 삶을 헤쳐 가다가 어느새 인생종점이 멀지 않았음을 감지하고 뒤를 돌아다보면, 파노라마처럼 스쳐 지나가는 창밖에 세상풍경이 그저 무상하기만 하다.

세상 사람들이 저마다 올라타는 버스들과 가고자 하는 곳들이 다 다르지만 결국은 시작과 끝이 이어지는 종점을 윤회하는 여정 속에 자신들의 삶이 그대로 꾸밈없이 자리한다. 거기에는 그 어떤 차별도, 집착도 없다.

그것이 인생의 참된 의미이자 그 자체인 것이다.

이처럼, 소박하고 진솔한 삶의 의미를 '知天命'의 문턱에 이르러서야 깨달으니 그저 나의 무식함의 소치가 부끄러울 뿐이다. 게다가, 학창시절부터 20년 넘게 버스를 발삼아 살아오다 자가용을 몰면서, 자기본위의 이기적이고 편협한 생각에 사로잡혀 정신없이 삭막한 직선의 아스팔트길들을 질주하며 살아온 지난날들이 무척 후회가 날선 칼날이 되어 가슴을 베고 지나간다.

오늘도 이러한 삶의 참된 의미를 깊이 되새기면서, 겸손한 마음으로 만원버스에 몸을 싣는다.

千의 손

우 남 정

장갑만 파는 가게가 있다면 저마다 다른 설명서가 붙어있을까

뒤처리가 버거워질 땐 빨간 고무장갑을 낀다 기름 때 비린내 그의 타액까지 깔끔하게 처리할 수 있는 쿨한 이별이라고 가끔 빼내기 어렵고 잘 찢긴다는 걸 주의하라고,

사각의 갑에 천 개의 손을 상비한 보살의 손 크리넥스 뽑아 쓰듯 톡! 하고 비닐손을 꺼내 나물을 조물거리다 홀랑 뒤집어 버린다 손가락 끝에 코팅된 눈이 반짝! 장미를 꺾을 땐 바닥이 단풍 든 목장갑을, 누군가는 달아오른 손을 잡을 땐 가죽장갑을 추천한다

손뜨개 벙어리장갑이 눈덩이를 굴린다 아기를 안아올린 산파의 피 묻은 장갑, 죽음을 닦는 장의사의 장

갑, 추운 장날 마디 잘린 장갑을 끼고 지폐를 세던 장꾼들, 장갑만 끼면 알통과 근육이 솟는 공사판 남정네들, 삶아 빨아 걸어놓은 푸줏간의 목장갑들… 그들은 모두 손의 전신

가장 오래된 戰士는
저기 바닥에 굳은 살 박히고 물때 낀,
슬픔조차 맛깔스런
맨손이라는 장갑을 낀 어머니 손
뜨거운 것 번쩍 들었다 귓불에 대고 호 불던

마지막까지도 벗지 못한 저승꽃 흐드러진 저 장갑이다

시니어문학상 당선 소감

우 남 정

제4회 시니어문학상에 당선된 것이 기쁩니다. 이제 나를 위해 할 수 있는 것은 오직 詩를 쓰는 것뿐이라는 것을 다시 마음에 새기게 해주었다.

나이가 든다는 것은 지난날들을 이끌고 막 도착한 지금을 사는 것이 아닐까. 현재는 지난날의 끝에 매달린 나뭇잎이라는 생각이 든다. 몇 번의 봄 여름 가을 겨울을 견디고, 싹을 내밀고 꽃을 피우고 열매를 맺고 그리고 넉넉하게 그늘을 드리우는 나무를 보며 나이가 든다는 것이 어떤 것인지 어떻게 살아야 하는지 생각하게 한다.

'시니어'는 슬프고 주눅이 드는 이름이 아니다. 뭔가 어수룩하거나 부족한, 나약한 것이 아니다. 빛나는 젊음이 숙성시킨 넉넉함과 그윽함과 신산함과 그 속에 담긴 맛깔스런 관조의 세계를 지니고 있다. 어느 시기나 나름의 특성이 있겠지만, 어느 시기도 갖지 못한 그 나이의 향기를 지니고 있다. 바로 이것이 삶으로서의 진정성, 文學의 정수가 아닐까 생각해 본다.

중학교 2학년이었다. 나는 평범하고 무난한 학생이었다. 어느 날 교내 백일장이 열렸다. 그때, 나는 뜻밖에 장원을 하였다. 선생님께서 "진주가 흙에 묻혔으니 어찌 알았겠는가. 이제 그 진주를 찾았다"고 하셨다.

반세기가 넘은 일이지만, 그날의 기억은 아직도 또렷하다. 아니, 새로운 길 하나가 내 마음에 깃들었는지도 모른다. 그 날 그 선생님의 격려가 700년 만에 피어나는 아라홍련처럼 한평생을 견디고 다시 새로운 삶을 꽃 피우고 싶은 동력이 되었다. 쏠 베이지의 노래가 생각난다. 멀리 집을 나와 세파에 시달린 사람이 사랑하는 사람의 곁으로 돌아가듯, 꿈 많고 순수했던 그 시절의 소녀로, 천천히 돌아가고 싶다.

文學이, 詩가 주는 치유의 기능을 믿고 싶다 그리고 문학이 나의 내면의 나와 만나게 하고, 노년의 쓸쓸함을 이기고 지나간 삶을 정리하고 나를 지켜내는 힘이 될 것임을 믿는다. 문학소녀의 꿈이, 그 젊음이 숙성되어 문학으로 다시 피어나기를 소망한다. 반려문학으로서, 그리고 삶의 진솔한 땀이 담긴 晩年의 문학을 꽃 피우고 싶다

우리는 모두 어린 시절 문학소녀이고 문학 소년이었다. 이 소년과 소녀들을 다시 호명해 꽃 피우게 해 준 매일신문사와 그리고 심사위원님의 격려에 거듭 감사드린다. 이 기쁨이 오래 만년을 지켜줄 것이다.

문학동인 글샘 15년 史

김 소 영

2003년 변우복 장학사가 주관하는 국어과 교육과정 연수가 중흥중학교 도서실에서 있었다. 연수가 끝난 후 변 장학사는 국어과 동아리를 구성해서 가야 하는 임무가 하나 더 있었다. 아무도 국어과의 문학동아리에 이름을 올리려는 교사가 없어 당시 중흥중학교 연구부장이었던 나는 중흥중학교 국어교사들에게 이름을 올리자고 제안했다. 그 이름 김소영, 신순자, 조미영, 김기정.

그렇게 이름을 올리고 얼마 있지 않아 변우복 장학사는 발령이 나고 후임으로 머리를 길게 땋은, 빈틈이 없어 보이는 우남정(본명 우옥자) 장학사가 부임하여 모임이 계속되었다. 모임에 나갔더니 그곳엔 낯선 우남정 장학사와 양소연, 김애란 선생님이 있어 얼굴을 익히고 왔다. 우남정 장학사는 부천에 근무하는 문학에 뜻이 있는 선생님들을 모아 동아리 모임을 주기적으로 가졌다. 그리고 교사문학회 「글샘」이란 동아리 이름을 정하였다. 그리고 2003년 첫해 김유정 문학촌으로 문학기행을 다녀왔고 연이은 모임에서는 시를 한 편씩 써서 합평하는 시간을 가졌다. 그렇게 동아리 모임이 지속되다가 연말이 되자 부천교육청 교사동아리 지원금이 바탕이 되어 동아리 문집을 발간하게 되었는데 그 이름 '글샘 창간호'이다.

–『글샘 창간호』, 161쪽

- 발행일 : 2004. 1. 30
- 인쇄처 : 도서출판 지원미디어
- 회장 : 양소연
- 초대글 : 구자룡, 이상덕
- 시 : 우남정, 양소연, 박순서, 김소영, 조미영, 신순자, 김애란, 강건후, 양현숙, 김기정,
- 수필 : 박순서, 김소영, 고지연, 장정희
- 평론 : 박순서, 양현숙, 이정은
- 소설 : 신순자
- 시나리오 : 김애란
- 문학기행 : 고지연 –김유정 문학의 향기를 찾아서 (실레마을)
- 표지 그림 : 이종우 '비상飛翔'

글샘 창간호를 바탕으로 2004년도에도 우남정 장학사가 「글샘」 동아리를 힘 있게 이끌어 우리는 전진하였다. 그렇지만 「글샘」도 초창기인지라 회장도 연이어 양소연 선생님이 하게 되었고 편집도 능력 있는 양현숙 선생님이 계속하였다. 한 권의 책이 나오기 위해 소쩍새가 얼마나 울어야 하는지 몰랐던 시기에 회장인 양소연 선생님과 양현숙 선생님은 능력자로서 정말 많은 고생을 하였다. 당시에 부천교육청의 동아리 지원금, 표지 그림을 흔쾌히 주신 이종우 미술 선생님, 도서출판 지원미디어, 그리고 동인들의 지속적인 만남은 '글샘 제 2호'를 탄생시켰다.

– 『글샘 제2호』, 151쪽

- 발행일 : 2005. 2. 21
- 인쇄처 : 도서출판 지원미디어
- 회장 : 양소연
- 초대글 : 이상덕, 구자룡, 변우복
- 학생글 : 안대근, 장지우
- 시 : 우남정, 양소연, 박순서, 김소영, 신순자, 강건후, 고지연, 양현숙
- 수필 : 우남정, 고지연, 장정희, 양현숙

• 평론 : 장정희

• 소설 : 신순자

• 시나리오 : 김애란

• 문학기행 : 양현숙 –내 안의 시인을 찾아서
(강원도 낙산사 일대)

• 표지 그림 : 이종우 '꿈–일기'

연이은 양소연 회장 시대를 지나 김소영 회장 시대를 맞이하여 안성 한택식물원과 조병화 생가로의 문학기행은 동인들의 시심을 더욱 풍부하게 해 주었다. 초창기 동인회 회장의 애로 사항을 양소연 회장은 부드럽고 따뜻한 리더십으로 극복해 주었고, 동인지 발간을 위해서는 양현숙 총무가 최선을 다해 주었다. 교정을 위해 양현숙 총무와 함께 고양에 있는 지원미디어 출판사에 찾아가고 밤늦게 부천으로 돌아왔던 일이 아련히 떠오른다. 동인들이 비틀거릴 때마다 바르게 세워주고 동인활동이 지속될 수 있도록 끌어 준 우남정 동인을 우리는 군기 반장이라고 말하며 좋아했다.

이 해 김경식 동인의 회원 가입으로 동인지의 이름이 대표시의 이름으로 바뀌고 동인지에 ISBN 서적 고유번호를 갖게 된 것은 아주 뜻 깊은 일이었다.

－글샘 제3호『오이지 단지』, 169쪽

- 발행일 : 2006. 12. 24
- 인쇄처 : 도서출판 지원미디어
- 회장 : 김소영
- 초대글 : 이상덕, 변우복, 구자룡
- 시 : 우남정, 양소연, 김소영, 김경식, 박순서, 신순자,
  강건후, 박규현, 박미영, 양현숙
- 수필 : 고지연, 김소영
- 시나리오 : 김애란
- 학생 글 : 인아름, 이지은, 이은지
- 문학기행 : 양현숙 -꿈의 귀향
  (조병화 생가, 한택식물원)
- 표지 그림 : 이종우 '기다림－Ⅰ'
- ISBN 89-88387-46-5

제4대 우남정 회장 시대를 맞이하여 우리는 월 회비를 납부하여 조직이 탄탄해지기 시작하였다. 2007년 1월 겨울 추위에도 불구하고 파주의 반구정, 화석정, 범륜사 등지로 떠난 문학기행은 우리의 시심을 일구었다. 그해 11월 강화도로 떠난 우리의 MT는「글샘」동인으로서의 자세를 반성하게 하는 성찰의 MT 겸 문학기행

이었다. 「글샘」은 그렇게 성숙해 가고 있었다. 동인지의 제목도 돌아가며 회원의 대표작으로 삼기로 하여 제4호는 김경식 동인의 작품으로 정하였다. 그리고 글샘 4호 발간을 위해 김포 포크웨이즈 카페에서 밤늦게까지 교정을 보며 우리는 문학인으로서 성장해 나갔다.

–글샘 제4호 『밥 –속박 · 자유 · 초월』, 200쪽

- 발행일 : 2008. 2. 4
- 인쇄처 : 도서출판 지원미디어
- 회장 : 우남정
- 초대글 : 구자룡, 황연옥, 양일석, 변우복
- 시 : 우남정, 양소연, 김소영, 신순자, 김경식, 박규현, 양현숙, 박미영, 최영란
- 수필 : 김소영, 김애란, 신순자, 박미영, 최영란
- 논문 : 양현숙 – 제주도 뱀신화 연구 : 「칠성산본풀이」, 「토산 여드렛당 본풀이」에 대한 문화기호학적 해석
- 학생 글 : 임아름, 이지은, 이은지
- 문학기행 : 부상용 –글샘과의 첫 만남 그리고 문학기행(파주 반구정, 화석정 등)
  김애란 –그 날의 문학수업(강화도 일대)
- 표지 그림 : 이종우 '기다림 –08'
- ISBN 978-89-88387-49-8

2008년, 「글샘」 동아리 활동 6년차다. 글샘 회장은 계속 우남정 동인이 맡아 주어 조직 정비가 잘 되어 갔으며 월간 정기 활동, 문학기행 등이 더욱 탄력을 받았다. 이해 우리는 원주 토지문학관, 치악산, 구룡사 등지로 문학기행을 다니며 문인들의 삶이 문학이 되어 가는 과정을 이해하고 문학정신을 배우는 계기로 삼았다. 또한 이해의 가장 뜻 깊은 것은 우남정, 양현숙 두 동인이 등단을 한 점이다. 「글샘」의 경사스러운 일이 아닐 수 없었다.

그리고 김경식 동인의 제안으로 '특집 -내 마음의 향기'라는 제목으로 각자 뜻 깊은 시에 얽힌 사연을 수필로 기록하였던 작업은 매우 인상 깊었다.

-글샘 제5호 『풀국새 우는 오후』, 162쪽

• 발행일 : 2009. 2. 13

• 인쇄처 : 도서출판 지원미디어

· 회장 : 우남정

• 초대시 : 윤석산, 김경윤

• 시 : 김경식, 김소영, 박규현, 신순자, 양소연, 양현숙, 우남정

• 특집 : 내 마음의 향기
  김경식, 김소영, 박규현, 백경녀, 신순자, 양소연, 우남정, 최영란

• 수필 : 김소영, 백경녀, 변우복, 부상용, 최영란

• 논문 : 양현숙 –백석 초기 시에 드러난 '기억'의 방식과 의미 분석

• 문학기행 : 박규현 –안개는 비를 부르고, 비는 가슴을 적시네 (원주 토지문학관, 구룡사)

• 신인상 당선 (등단) : 우남정, 양현숙 『다시올 文學』

• 표지 그림 : 이종우 '기다림–09'

• ISBN 89-88387-46-5

김경식 회장 시대를 맞이하여 우리는 힘차게 도약하였다. 2009년에도 김경식 동인이 등단하여 명실상부한 시인이 우리 동아리에 세 명이 되었다. 5집에 이어 주제 수필 「유년, 그 그리움」이라는 제목으로 동요와 함께 유년의 추억을 떠올릴 수 있게 하였던 점은 삶이 곧 문학이 된다는 것을 몸소 체험하는 시간이었다. 그리고 글샘 6호 발간을 위해 처음으로 인쇄처를 '산과들'로 바꾸고 표지 그림도 이종우 선생님이 아닌 그림을 싣기 시작했다. 하지만 아쉬웠던 점은 동인지 표지 전체에 그림이 인쇄되어 동인지다운 면이 반감된 점이었다.

–글샘 제6호 『학운동 풍경』, 171쪽

• 발행일 : 2010. 2. 20

• 인쇄처 : 산과들

• 회장 : 김경식

• 초대시 : 구자룡, 최명심

• 초대소설 : 김해영

• 시 : 김소영, 우남정, 신순자, 정미경, 박규현, 김경식,
김오영, 문명란, 박미영, 양소연

• 수필 : 부상용, 김소영, 문명란

• 주제수필 – 유년, 그 그리움(동요를 중심으로)
박미영, 김경식, 박규현, 정미경, 신순자, 부상용,
우남정, 조정실, 김소영

• 문학기행 : 정미경 –정선땅 아우라지(강원도 정선)

• 신인상 당선(등단) : 김경식『다시올 文學』

• 표지 그림 : 김현기

• ISBN 89-90918-52-9

글샘 제 7호를 발간할 때 우리는 탄탄한 재정을 바탕으로 출판사를 '다시올'로 바꾸고 발간 비용도 이백만원 넘게 들였다. 그리고 동인지 앞쪽에 위치한 발간사와 인사말 등을 빼고 바로 시를 실어 내용 체계도 업그레이드하였으며, 시가 처음 시작하는 면 앞에 동인들의 프로필과 사진을 실었다. 이 해 도당고등학교 근무

시절 이동희 선생님도 수필을 실으면서 「글샘」 동인 활동을 시작하게 된 뜻 깊은 해이기도 했다.

무엇보다도 15 * 22.4이었던 책의 크기가 13 * 21로 줄어들어 더욱 시집답게 바뀌었던 점은 동인지 역사에서 획기적인 것이었다. 이후 동인지의 크기는 줄곧 현재까지 이어져 오고 있다. 그리고 '교사문학회'에서 교사가 아닌 사람들도 참여할 수 있는 '문학동인 「글샘」'으로 명칭을 변경하고 「글샘」의 회칙을 문서화하여 동인지에 싣는 등 김경식 회장의 리더십이 빛을 발하여 「글샘」은 더욱 탄탄한 조직으로 발전하였다.

글샘 7호가 출간되었을 때 책이 얼마나 이뻤던지 우리는 환호와 감탄을 하였던 기억이 생생하다. 이후 글샘 11호까지 다시올 출판사에서 출간한 5권의 동인지는 이백만원이 넘는 출판비에 걸맞게 모든 면에서 업그레이드 되어 가장 이쁘고 보기 좋은 동인지가 되었다.

– 글샘 제7호 『휘돌다 구부러진』, 159쪽

- 발행일 : 2010. 3. 15
- 인쇄처 : 다시올
- 회장 : 김경식
- 초대시 : 구자룡, 정윤천, 이승희, 고경숙, 최을원, 김영은, 최명심

• 시 : 양소연, 김소영, 백종미, 신순자, 우남정,
김경식, 정미경, 문명란, 백경녀

• 수필 : 이동희

• 주제수필 －追憶, 그 살아있는 化石
백경녀, 이동희, 문명란, 정미경, 김경식, 우남정,
신순자, 백종미, 김소영

• 초대소설 : 김해영

• 표지 그림 : 해바라기

• ISBN 978-89-94414-13-3

「글샘」 활동 9년을 맞이해 우리는 그 동안 발표한 시를 다시 조탁하여 오로지 시만으로 동인지를 발간할 것을 계획하였다. 그리하여 동인별 15편의 시를 골라 탄생한 『바람의 화법』은 「글샘」 동인들을 시인으로 승격시켰다. 문학동인 「글샘」이 명실상부한 문학동아리가 된 것은 우남정, 김경식 동인의 지도력과 동인들의 열정이 한데 어우러진 결과였다. 동인들의 지도력과 열정에서 우리는 문학에 대한 사랑, 「글샘」에 대한 사랑을 느낄 수 있었다.

－글샘 제8호 『바람의 화법』, 143쪽

• 발행일 : 2011. 12. 10

• 인쇄처 : 다시올

• 회장 : 양소연

• 시 : 김경식, 우남정, 정미경, 김소영, 양소연, 신순자, 이동희

• 문학기행 : 황순원 문학촌(양평 운길산 수종사)

• 표지 그림 : 바람

• ISBN 978-89-94414-21-8

2012년 「글샘」에 초등교사 문학회의 인재 손영(본명 손영자) 동인이 입회한 것은 크나큰 경사가 아닐 수 없었다. 세상에 대한 통찰을 바탕으로 깊이 있는 시를 쓰는 손영 동인은 「글샘」의 거목이 되었다. 수학교사이었던 정미경 동인의 시는 수학 공식처럼 간결하면서 강한 인상을 주는 시였다. 정미경 동인의 시 「사과의 변증법」이 표제시가 되어 시만큼이나 깨끗하고 간결한 표지의 예쁜 시집 글샘 9호가 탄생하였다.

－글샘 제9호 『사과의 변증법』, 127쪽

• 발행일 : 2012. 12. 30

• 인쇄처 : 다시올

• 회장 : 양소연

• 초대시 : 김정윤

• 시 : 정미경, 신순자, 김설영, 김소영, 손　영, 우남정,
이동희, 양소연

• 수필 : 정미경, 김설영, 김소영, 손 영, 우남정, 이동희

• 문학기행 : 이동희 －보은을 품다

• 표지 그림 : 김양동 화가

• ISBN 978-89-94414-37-9

2013년 손영 동인은 시 '엄마의 앞치마'로 부천 신인 문학상을 수상하는 쾌거를 이루어 「글샘」의 자랑이 되었고 우리 동인들은 사신들이 당선된 것처럼 하나같이 기뻐했다. 이 해의 주제 수필 제목은 '사진' 이어서 동인들의 사진에 얽혀 있는 애틋한 사연을 하나하나 읽어 보는 재미도 쏠쏠하였다.

글샘 10집은 지금 왕성하게 활동하는 송혜경 동인을 맞이하게 한 결정적 역할을 하는 뜻 깊은 동인지가 되었다.

－글샘 제10호 『꽃밥』, 159쪽

• 발행일 : 2013. 12. 30

• 인쇄처 : 다시올

• 회장 : 김소영

• 시 : 손　영, 신순자, 정미경, 우남정, 김경식, 이동희,
김소영, 조영환, 양소연, 최재웅

• 당선 : 2013 부천 신인문학상
－「엄마의 앞치마」 / 손　영

• 주제수필 －사진
손 영, 정미경, 우남정, 김경식, 이동희, 김소영, 조영환

• 수필 : 정미경, 김경식, 이동희, 김소영, 조영환

• 문학기행 : 이동희 －홍성, 살아있는 혼

• 표지 사진 : 사찰 문살

• ISBN 978-89-94414-47-8

세월호의 아픔이 온 사회를 슬픔에 젖게 했던 시기에도 「글샘」은 묵묵히 활동을 하며 제 14집을 준비하였다. 신순자 회장을 필두로 월 1회의 정기모임이 주기적으로 이어졌으며 회원들은 서로의 작품을 합평하며 성장해 나갔다. 그리고 우남정, 김경식, 정미경, 손영 동인의 등단에 이어 양소연 동인의 등단이 이루어져 명실상부한 시인이 5 명이나 되는 실력 있는 문학동인 단체가 되는 더없는 기쁨이 이어졌다.

제 11호 동인지의 가장 큰 특징은 지금까지 「글샘」에 몸담았던 모든 회원들의 다시 읽고 싶은 시를 한 편씩 골라 실었던 점이다. 그리운 이름들의 작품을 다시 읽어보는 재미를 느낄 수 있었다.

－글샘 第11호 『불면하는 겨울』, 191쪽

• 발행일 : 2014. 12. 30

• 인쇄처 : 다시올

• 회장 : 신순자

• 시 : 정미경, 이동희, 우남정, 양소연, 신순자, 송혜경, 손 영, 김태환, 김소영, 김경식

• 특집 : 다시 읽는 시

김기정, 김애란, 양현숙, 조미영, 고지연, 박미영, 강건후, 박순서, 최영란, 박규현, 김오영, 문명란, 백경녀, 백종미, 신순자, 양소연, 우남정, 김설영, 이동희, 김소영, 김경식, 손 영, 정미경, 조영환, 최재웅

• 주제수필 －여행

김경식, 김소영, 손 영, 송혜경, 신순자, 우옥자, 이동희, 정미경

• 신인상 : 양소연 2014년 『다시올 文學』

• 문학기행 : 이동희 －自由하는 영혼을 찾아서
  한하운 시인을 중심으로 (김포 한하운 시인 묘소, 조각공원 등)

• 표지 사진 : 겨울나무

• ISBN 978-89-94414-58-4 03810

2015년에는 우남정, 손영 회원이 개인 시집을 발간하는 저력을 발휘한 뜻 깊은 해였다. 그리고 동인들의 왕성한 시 창작활동으로 글샘 12집은 시를 중심으로 채워졌으며 우남정, 손영 시인의 시집 평론이 실려 무게감 있는 동인지 『물무늬 스타카토』가 인쇄처를 ‘오감도’로 옮겨 탄생하였다.

－글샘 제12호 『물무늬 스타카토』, 136쪽

• 발행일 : 2015. 12. 28

• 인쇄처 : 오감도

• 회장 : 신순자

• 시 : 이동희, 김경식, 김소영, 손　영, 송혜경, 신순자,
  양소연, 우남정, 정미경, 송혜경

• 시집 발간 : 우남정 『구겨진 것은 공간을 품는다』

손 영 『공손한 풀잎들』

• 문학기행 : 송혜경 —바람이 불어오는 곳

(고창 판소리문학관, 서정주문학관 등)

• 표지 사진 : 거미줄 물방울

• ISBN 978-89-5698-324-0

2016년 문학동인 「글샘」은 문예 계간지 『시인정신』 2016년 봄호에 동인활동과 작품이 소개되었고, 『계간 웹북』 2016년 봄 33호에 기획특집 문학동아리 탐방에 「글샘」이 소개되어 우리 동인의 위상이 한층 높아졌음을 실감했다.

김경식 동인 또한 개인 시집 『적막한 말』 출간하는 쾌거를 이루었다. 그리고 입회한 지 2년차인 송혜경 동인의 왕성한 시 창작은 우리 「글샘」 동인들에게 신선한 자극이었을 뿐만 아니라 「글샘」의 활력이 되었다. 그녀의 시 「일요일 오후 세 시의 하울링」은 단박에 표제시가 되었다.

—글샘 第13호 『일요일 오후 세 시의 하울링』, 168쪽

• 발행일 : 2016. 12. 31

• 인쇄처 : 오감도

• 회장 : 양소연

• 시 : 우남정, 양소연, 김소영, 김태환, 이동희, 손 영, 신순자, 송혜경, 김경식

• 산문 : 우남정, 김소영, 이동희, 손영, 송혜경, 김경식

• 평론 : 마경덕 －김경식의 시세계

• 표지 그림 : 오진

• ISBN 978-5698-335-6 03810

동인지 『일요일 오후 세 시의 하울링』은 김미화 동인을 맞이하게 되는 견인차 역할을 하였다. 늘어난 식구와 함께 2017년 문학동인 「글샘」은 절차탁마하는 자세로 매월 1회 정기 모임 때 시 공부를 하기로 결의하였다. 그리하여 매월 15만원의 수강료를 아깝다 생각하지 않고 써온 시들을 하나하나 읽어 가며 마경덕 선생님으로부터 공부를 하며 한 차원 높은 시의 세계로 다가갔다. 우남정 동인은 2017년 세계일보 신춘문예에 시 「돋보기의 공식」이 당선되었고 김포문학상에 「줌」이 당선되어 겹경사를 맞이했다. 동인들은 축하와 함께 겹경사의 즐거움을 만끽했던 한 해가 되었다.

그러나 이 해 불행히도 문학동인 「글샘」은 지원금을

후원 받지 못했고, 회비로 수업료를 충당하다 보니 동인지 출판비가 없어 동인지 발간을 포기하려 하였다. 2004년부터 매해 동인지를 발간하여 13집까지 면면히 이어온「글샘」동인지가 2017년에 중단된다는 것은 있을 수 없다고 동인들은 생각하였다. 그 결과 그동안 동인들에게 쌓인 편집 실력을 발휘하여 동인지를 자체 발간하기로 하여 뜻 깊은 글샘 14집이 발간되었으나 ISBN 고유 번호를 받을 수 없는 아쉬운 호가 되었다.

–글샘 제14호『돋보기의 공식』, 133쪽

• 발행일 : 2017. 12. 31

• 인쇄처 : 세화문화사

• 회장 : 우남정

• 시 : 우남정, 이동희, 송혜경, 손 영, 김소영, 신순자, 양소연

• 당선 :

세계일보 신춘문예 당선, –「돋보기의 공식」/ 우남정

김포문학상, –「줌」/ 우남정

• 표지 그림 : 판화 –남궁 신

• ISBN : (없음)

2018년 왕성한 시 창작 활동을 한 우남정 동인은 2017년에 이어 시니어 문학상을 수상하며 문학동인 「글샘」의 위상을 더욱 높여 주었으며, 「글샘」은 매해 발전을 거듭하는 생명력 있는 문학동인 단체로 지속하여 올해 제 15집 『풀물이 드는 오후』의 출간을 앞두고 있어 설렌 마음으로 기다리고 있다.

−2018. 글샘 제15호 『풀물이 드는 오후』

• 발행일 : 2018. 12. 5

• 인쇄처 : 오감도

• 회장 : 우남정

• 시 : 우남정, 손 영, 송혜경, 신순자, 이동희

• 수필 : 김미화, 김소영, 이동희

• 당선 : 시니어 문학상 −「千의 손」 우남정

• 글샘 15년史

• 표지 그림 : 임원빈 −2018_물_결을 찾아서

• ISBN 89-5698-364-6 03810